南方周末二十五年文丛

在这里，读懂中国

这儿与那儿

中国转型期基层调查

《南方周末》编
梁伟驰　选

南方日报出版社
NANFANG DAILY PRESS

图书在版编目（CIP）数据

这儿与那儿：中国转型期基层调查 /《南方周末》编 . -- 广州：南方日报出版社，2011.7

ISBN 978-7-5491-0210-5

Ⅰ. ①这… Ⅱ. ①南… Ⅲ. ①新闻－作品集－中国－当代 Ⅳ. ① I253

中国版本图书馆 CIP 数据核字 (2011) 第 068494 号

这儿与那儿——中国转型期基层调查　　《南方周末》编

出版发行：南方日报出版社
地　　址：广州市广州大道中 289 号
电　　话：020-83000502
经　　销：全国新华书店
印　　刷：北京中印联印务有限公司
开　　本：720mm × 1000mm　1/16
印　　张：11.75
字　　数：170 千字
版　　次：2011 年 7 月第 1 版　2011 年 7 月第 1 次印刷
定　　价：19.80 元

目录 CONTENTS

第叁年

第肆年

第伍年

第陆年

第柒年

第捌年

第玖年

第拾年

总结篇

不死的理想随书页飞扬

■ 向熹

“有可以不说的真话，决不说假话。”岭南老报人的一句话，被一张报纸拿来实践了25年。

话没有什么稀奇，类似的话，康德早说过；意思没有什么稀奇，蒙学阶段就在灌输；修辞没有什么稀奇，比起“知其不可而为之”、“先天下之忧而忧，后天下之乐而乐”显得朴素。

然而，以之为圭臬，却成就了一张报纸的气象。

有人说，是特殊的时代成就了说真话的《南方周末》，此话可能只说对了一半。《南方周末》确要感谢这个奇迹般的时代提供的丰富机会。从民国时期的“厚黑学”到当代的“潜规则”，学者都在阐述对历史的理解，说真话需要足够的勇气。今天，更显真话的珍贵。

真正成就《南方周末》的是一份朴素的信念：相信未来，并着手创造未来；珍视真善美，并着手护持真善美。

真正成就《南方周末》的是一种咄咄的坚持：扎根中国，深入人民；放眼世界，纯粹新闻。

这是理想主义者的执著。其中并没有多少创造，这样的理想主义，不过是中国千年不易的知识分子情怀与操守；这样的理想主义，不过是启蒙时代以来，人类的优秀分子共同的价值与行为取向。

但就是秉承这样的理想，使《南方周末》从“服务改革、激浊扬清”到“让无力者有力，让悲观者前行”，从“深入成就深度”、“记录时代进程”到“在这里，读懂中国”，25年一路走来，几代报人，薪火相传。成功时有泪水，风雨中常微笑。

由此，在《南方周末》创刊25周年时，我们出版这套丛书，并不是觉得《南方周末》做了什么惊天动地的事，并不是《南方周末》有树碑立传的需要。我们只是想通过结集的形式，持续地告诉爱她或恨她的人们，如她那样坚持，在任何时代，都能有这样的成绩；持续地告诉爱她或恨她的人们，不要怀疑历史终将进步，赤诚的新闻人只需着力于本分。

这套丛书里有《南方周末》已刊篇章的选集，有《南方周末》新闻业务经验的总结。所有这些，不过是一些报人工作的累积，但因它们的诚实而显得有价值，因它们记录了一个奇迹般的时代而显得有价值，因它们背后对家国责任的担当而显得有价值。

当然，就爱报纸如生命的我们而言，以书的形式留存篇章，也是不希望这些作品速朽，但从不冀望它们如在《南方周末》上刊登时引起的轰动。于我们，翻阅这套丛书，可以小小陶醉一下：没有辜负时间的厚爱，生于这个年代，并忠实地做了一名记录者。

如你不弃，翻开它们，墨香氤氲中或能感觉到我们的存在，但不会强烈，如一首诗“浑然不觉的黄色花／从很深的日月里开放了／……我把什么留在这里／除了步履／就是微笑／在苍茫的风中／闪烁不息”。

只有不死的理想随书页飞扬……

2009年12月1日于穗—京航班上

三个地方的故事

1998 年，我们随手在中国地图上圈了三个地方，陆续作了十年观察，我们想通过社会最基层的细胞，管窥转型中的中国之变。

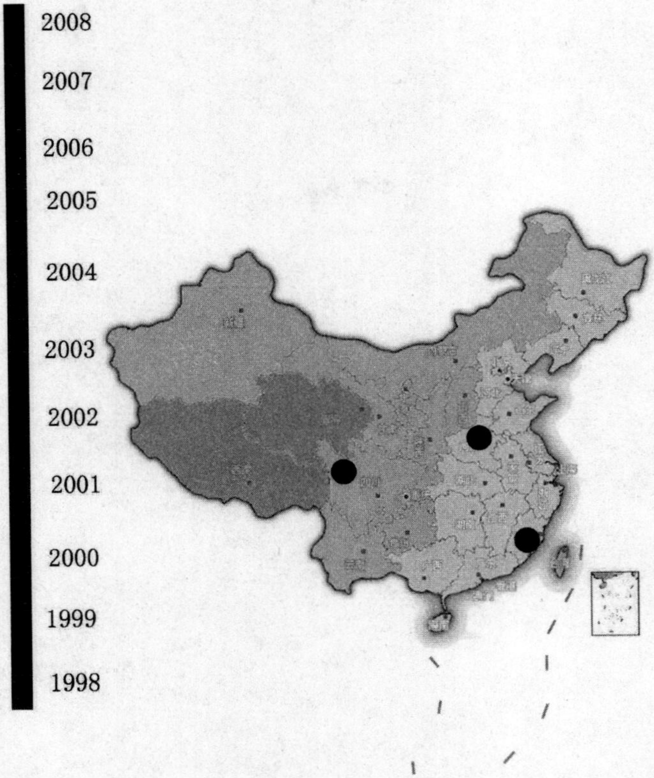

第壹年

这儿与那儿

「有可以不说的真话，决不说假话。」岭南老报人的一句话，被一张报纸拿来实践了25年。话没有什么稀奇，蒙学阶段就在灌输；类似的话，康德早说过；修辞没有什么稀奇，比起「知其不可而为之」、「先天下之忧而忧，后天下之乐而乐」显得朴素。

然而，以之为圭臬，却成就了一张报纸的气象。有人说，是特殊的时代成就了说真话的《南方周末》，此话可能只说对了一半。《南方周末》确要感谢这个奇迹般的时代提供的丰富机会。从民国时期的「厚黑学」到当代的「潜规则」，学者都在阐述对历史的理解，说真话需要足够的勇气。今天，更显真话的珍贵。真正成就《南方周末》的是一份朴素的信念：相信未来，并着手创造未来；珍视真善美，并着手护持真善美。真正成就《南方周末》的是一种咄咄的坚持：扎根中国，深入人民；放眼世界，纯粹新闻。这是理想主义者的执着。其中并没有多少创造，这样的理想主义，不过是中国千年不易的知识分子情怀与操守；这样的理想主义，不过是启蒙时代以来，人类的优秀分子共同的价值与行为取向。但就是秉承这样的理想，使《南方周末》从「服务改革，激浊扬清」到「让无力者有力，让悲观者前行」，从「深入成就深度」「记录时代进程」到「在这里，读懂中国」，25年一路走来，几代报人，薪火相传。成功时有泪水，风雨中常微笑。由此，在《南方周末》创刊25周年时，我们出版这套丛书，并不是觉得《南方周末》做了什么惊天动地的事，并不是《南方周末》有树碑立传的需要。我们只是想通过结集的形式，持续地告诉爱她或恨她的人们，如她那样坚持，在任何时代，都能有这样的成绩，持续地告诉爱她或恨她的人们，不要怀疑历史终将进步，赤诚的新闻人只需着力于本分。

1998年：西部深处的白鹿镇

■ 夏嘉平

从成都到彭州，是一小时的车程，从彭州到白鹿镇，又是一小时的车程。200米的街道，对于这个处在乡村公路尽头的山里小镇来说，已经足够。这是个由农业村与原来的小镇搬迁后结合起来的新小镇，又是个乡政府所在地，白鹿乡人口10800人，其中非农业人口300人。镇上除了非农业人口居民外，还有原金桥村一组的部分农业人口约200人。

一

易延容，白鹿镇唯一的邮政代办员，她每天的工作就是守着全镇唯一的邮箱，然后等着。几乎都是在下午，从彭州来回各乡的邮车会送来三十多份当天的报纸、三十多封信件，然后带走二十来封信件。由于只是代办点，小镇没有自己的邮戳。

这几天全镇人的话题突然有了一个集中点，因为彭州正在进行福利抽奖，镇上流传着本镇曾经有人抽到了12万元奖金的故事。12月20日，星期日，彭州抽奖的第一天，从白鹿镇开到彭州的长途客车数量比平时多了五成，而且每一趟都挤得满满当当。在尔后的几天里，人们见面的第一声，便是询问有关抽奖的消息。

杂货铺的朱老板是看惯了这一切的，他不太在乎。每天早上8点，去彭州的第一趟车出发时，他搬开位于十字路口的商店的二十来块门板，开始营业。这几天最好卖的是紫色的棉鞋，在镇上的妇女中很流行，当然，妇女中还流行深色紧身裤，但朱老板这里没得卖。下午5点半，到白鹿的最后一趟客车到达时，朱老板排出门板收档，这时，街上行人稀少，只有两三个水果摊档还在支撑。8点后，街上一片漆黑。

这是朱老板列出的最好卖的商品：棉鞋，安岳制鞋厂，13元；胶鞋，3537、3539军服厂生产，12元；上海东亨衬衣，盒装，30–40元；皂角洗发水，15元；8种牙膏中，冷酸灵牙膏，2.50–2.80元，中华牙膏，3元；牛头电池，1.50元；8种香皂中，舒肤佳，4元，力士，4元；6种雪花膏中，宝宝霜雪花膏，成都产，1.50元，大瓶装奶液，5毛一两；英雄毛巾，成都产，5元一条；胶壳热水瓶，15–16元；帆布背包，10多元。

朱老板有5个柜台，每月有6000–7000元的营业额，算是不小的铺子了。但镇上最大的仍是街对面供销社的商店，50多个柜台，日常所见只有五六个营业员，生意清淡。但镇上人说，他们还是最信任供销社商店的东西。

全镇200多米的街上共有133个铺子，多为饮食与杂货铺，平时大概只有一半店铺开张，逢场的时候才会全部开张。白鹿镇逢单日赶场，以12月19日为例，从乡卫生院到天主教堂约200米的街上，除了原来有铺面的商店，共有以下摊档：肉档，11个；日用品摊档，45个；修补处，4个；药铺，2个；烟草摊，5个；水果摊，17个；农具摊，2个；食品与农产品摊档，49个；书摊，3个；手镯打银摊，1个。

在同样的地方——兴龙旅馆门口，差不多同样的时间段，非赶场日12月20日11点55分到12点25分，通过的人流量为154人，卡车流量13辆，客车流量6辆。而在赶场日12月21日12点半到1点，人流量为735人，卡车流量13辆，客车流量2辆。从对比中可以看出场子的淡旺情况以及平时街道的冷清。

一个一般的小摊档每个月要上交给白鹿镇15元钱，而它一天的营业额在50元至100元之间。事实上，大部分小商品是从成都火车站附近的一些大批发市场上得来的，摊主获得的只是地区间那点微薄的差价。

从场子上农具摊档的稀少与农产品摊档的繁多可以看出当地耕地的稀有。

但整个百鹿乡的森林覆盖率为95%。一般来说，除了土豆、玉米、萝卜等是当地特产外，大米、白菜等主要由“底下”供给——“底下”是处于公路尽头的白鹿镇居民对靠近彭州的通公路的那些地方如新兴镇、通济镇的称呼。

镇上没有固定的蔬菜市场，居民日用蔬菜都是从场子上购买。在饮食方面，当地人最为骄傲的是他们吃的猪肉，当地人吃的猪肉都是由当地山里人用玉米饲养，小镇上的另一个小杂货铺的老板娘说，这种猪肉，“底下”的猪肉没法比，吃起来香。镇上有一个定点屠宰场。在场子上，当地的猪肉卖到5–5.50元一斤。以下是一些日用生活品的价格：油，4.20–4.40元一斤；山里的土鸡生的鸡蛋，6元一斤；饲养厂鸡蛋，4–4.50元一斤；白菜，0.20元一斤；萝卜，0.10元一斤；土豆，0.40–0.50元一斤；大米，1.00–1.40元一斤。另外的生活用品中，水是由乡里组织从山里面接下来的泉水，再通往各家的水龙头，水费5元一吨；因为当地冬天较为寒冷，家庭用煤量大，但当地也多产煤，煤约300元一吨，一个家庭一个冬天约用煤半吨；另外，当地的电力由附近的几个电厂供给，但比较昂贵，每度电0.90元。

镇上共有四个旅馆，约60个床位，冬天一般不供暖，如果需要取暖，可以用电炉，但每个房间每晚加收10元，而每个床位一晚也就10元。

按照旅馆老板的说法，镇上一个三口之家一个月的基本花费需要300元。与附近的小镇相比，这是比较高的。

二

“稳定压倒一切。”

这是白鹿镇附近一个小煤窑入口处的标语。小煤窑是白鹿乡的支柱产业，全乡共有近20个小煤窑，据称多为集体所有，全乡剩余劳动力基本上都转到了小煤窑上面。全乡每年产煤30万吨。

老杨是煤窑里的老工人了，他每月能拿到近千元的工资。老杨有一辆5吨卡车，由女婿经营，主要是运煤，每月可挣5000元，但投资一辆卡车需要十几万元。尽管如此，镇上还是有20多辆卡车经营运煤业，另外还有5辆小轿车，车主多为小煤窑的经营者。但据说今年的煤矿业不太好做了，有些煤窑经营者甚至亏本。镇上的人说，各行各业都比不上去年。

尽管也有出去打工的人，但进来打工的人也不少，从乐至、资中、资阳、三台等一些比较贫穷的地方来的农民在白鹿从事挖煤业。

白鹿的另一特产是药材黄连，今年最好的时节每斤可卖到40元，有些人家因此一年可收入好几万元,最多的达到40万元。这些都是镇上的人所羡慕的。

街上的人说起历史，说英国人、法国人、西班牙人很早的时候便喜欢来这里避暑，法国人甚至在这里建了两个神学院，尽管一个已被拆掉建成一所中学，另一个也已荒芜，但天主教信仰还是留了下来。镇上新建了一个小教堂，牌坊还是年内由信徒筹集了几万元建成的，每到星期天，便有附近的人来做礼拜，用四川话唱赞美诗的人塞满可容纳300人的教堂。12月20日，天气阴冷，教堂的风琴声与歌声却提醒人们他们正在准备平安夜弥撒。全乡大概有1000名天主信徒。

教堂临街的地方开了个药店，这是镇上四个药店之一。镇上有个三层楼的卫生院，卫生院有20多名职工，5个诊室。一个急诊室，可做B超、理疗、心电图、放射检查。另外，一个妇科手术室，一个外科手术室，12个床位，住院的病人多自带炊具，在病房里炒菜做饭，三楼的住院部里辣味刺鼻。

医院的对面有家电器店，是全镇最大的一家，店里摆放着一些卫星天线，老板解玉发说,这是乡广播站放在这里寄卖的,每个1400元,每月可售出15台，多为山里人所购，因为深山里收不到电视信号。镇上的居民用的多是彭州市的有线电视网,可收到25个频道。因为收不到手机信号,镇上正在修建139差转台，但镇上却可以收到成都的188台与126台的传呼信号。

镇上几乎家家都有VCD机。小解说，店里最好卖的就是VCD机，价格在四五百元钱的那种，成都产的。小解的店里共有12种VCD品牌。但小解说，小镇上的VCD碟不多，看来看去都是些武打片，他们反而不看了。他们又开始着迷于打牌，喝散装玉米酒，本乡产的，特便宜。

电器店不远处新开了家啤酒乐园，共有七台啤酒机，是外地人开的，据说是在外地混不下去了，因为有人查封。啤酒乐园这几天把全镇上的五六家茶馆全打败了，小小的近三十平方的屋子里有近百人在投注。

这都是白天的热闹事。到了夜晚，只有几家店子亮着灯，茶室里零零落落的有人在灯光下打麻将。镇上的理发室晚上是不开的，因为没有人想到在“洗剪吹 3 元”后再去搞点别的勾当。生意最好的可能是那个只有两个房间四个位置共约七平方米的迷你澡堂了，老板在楼顶上用大煤炉煮水，开水通过水管流到楼下的四个水洒上，穿着皮夹克的老板不停地把手伸到大锅里，然后大声地问楼下正在水汽里的客人：“烫不烫？”每人每次一元，时间不限。

夜晚走在 200 米长的街上，有两家夜总会的小霓虹灯倒是忽明忽暗。街上人说，以前是有很多人经营夜总会的，但这个行业没兴起来，因为里面有小姐，本地人是不去这些场所的，乡里的文化站倒也可以唱卡拉 OK，但叫做“音乐茶座”，5 毛钱一首歌，或者 5 块钱一杯茶然后唱一晚，但总是生意冷清，只有老板的几个家属在里面日唱夜唱，这几天流行唱李娜的《青藏高原》。镇上人说，这里流行的还是前两年的歌，不知为什么。

1998 年：沿海的一条街——成功路

■ 连清川

福建省晋江市安海镇成功西路 199 号自行车铺老板，67 岁的颜呈迎不大爱说话，沉默着，微笑着。在成功路上 10 多年了，这里的变迁都在他的眼里。它原是一条不足 4 米宽的石板路，现在是 6 米宽的水泥路；它原是有几百年历史的“新街”，现在是 1995 年纪念郑成功时改名的“成功西路”。

颜老伯总是在早上 6 点多钟起床。年轻时蹬自行车载客，学会了修理技术。这儿的自行车已经没有 80 年代那么多了——成年男女都骑摩托车出行，镇里来往就花 3–5 元搭三轮摩托，还有安海 / 安平—泉州的中巴经过。但孩子们上学、外地的打工仔都还要骑自行车，他的生意也不算太差。

颜老伯和所有的安海人一样，每天早晨喝一碗稀饭，吃馒头或油条。每天也吃一顿干饭，或者粉丝，或者米粉。汤是必不可少的，鱼丸汤或者馄饨。每月的伙食费在 400–500 元间。

冬至那天他吃了圆子，这是习俗。春节、元宵节、端午节、中秋节，都是要过的。每逢农历初一、十五，他和成功路上其他开店的人一样，要祭一祭财神。在农历二月，他会和其他人去附近西安村的报恩寺里烧香，拜祭菩萨。在这条路上，也有几家人会去基督教的安海堂做礼拜。

颜老伯的铺子是祖屋，他不会觉得房子是一个怎样的负担。但利郎西服安海专卖店的陈老板就觉得不同了。他处于在比较繁华的地段，每个月的租金是 1800 元，工商费加税收每个月是六七千元，负担挺重。这两年生意挺难做，一套西服从280–1000元不等，24日、25日两天没开张呢。隔壁的一家女装店此时生意也正清淡着，虽然价格仅在50–150元之间，货都是从邻近的石狮和广东进的，款式当然要新的。

日用品店的陈老板这两天也不是很顺，他的店里摆着雀巢咖啡、奶粉、五粮液、茅台，看起来都有一些灰尘了。名牌货他这里都有，但平时大家都不怎么买。比如酒，平时大家都喝厦门产2元的银城，泉州产2.5元的清源，好些就喝清源钻石红，但那要6元一瓶。偶尔也有人喝白酒，一般是金种子或者山东的孔府宴酒或古井贡，十多二十元一瓶。再比如烟，抽上海产牡丹的人最多，3.5元一盒，好一些就抽龙岩产七匹狼，7.5元一盒。但送礼就不一样了，烟要红七匹狼（14元），恭贺新禧（云南产，11元）或中华（35–40元）；酒要剑南春（95元），或五粮液（150元）。

陈老板对假烟假酒的情况挺苦恼，进红塔山和七匹狼的时候要小心，七八成是假的，还要小心假的茅台酒和五粮液。

陈老板的几个小伙计都显得挺能干。安海的经济好，成功路上的年轻人就几乎没有外出打工的——除了做生意外。看电视当然是主要的娱乐方式了，他们主要看福建有线电视台，有时也看中央台，新闻联播几乎是必看的。在晚上七八点钟，他们还会待在家里看，此后他们就可能去江海大酒楼的KTV唱歌。

在成功西路和成功中路上各有一家农副产品市场——除了一些蔬菜，基本上是从安平市场上进的货，因为除了成功西路末端有十来户人家还在种菜外，就没有人务农了。12月24日，市场上的物价是：瘦肉8元/斤，排骨8元/斤，小青菜0.5元/斤，鸡蛋3.5元/斤，鲢鱼4元/斤。

葬礼对于安海人或是成功路的人来说，都是一件很隆重但却未必悲伤的事情。在下葬之前，所有的亲戚朋友都要来吊唁，并且将红纸翻过来，包上200元，称之为“白包”。葬前葬后，家属要请来军乐队（各个乡镇都有几个）、道士、和尚、宗祠里的人，一路奏乐在街上游行，人数可至上千，还要有几辆车，将亲友们送的唁品挂在车上跟在人群之后游行。孝子跪在重要的路口，看着游行队伍直到最后，有钱的人要花费8–10万元，贫穷的人也要花上七八千元。每个人都火葬，骨灰放在报恩寺或其他寺庙的“安乐宫”里。

结婚仪式同样隆重，礼金一般也在200元左右。新郎在前一日或当日将新娘接到家中，大摆筵席，过后送亲戚一些糕点也就各自散去。闹洞房已经不时兴了，大家都忙。

成功中路的安海邮政支局局长傅煌辉对10月的邮电分家多少有点遗憾。邮政业务今年下滑很快，信件业务下滑得更快，成功路上连一个邮箱都没有了。但是报刊的发行量却上涨了。《泉州晚报》在成功路上的发行量有200多份，《厦门日报》是自办发行的，他认为肯定也在上涨，除此之外，《参考消息》、《读者》和《中外文摘》也是成功路上流行的读物。

电信支局局长林生才的底气却越来越足，虽然电报和传真下滑了25%之多，但是移动电话用户却增长了30%。而且成功路上已经消灭了无电话户。数据通信更是了不得，成功路上的互联网用户今年有了20多户，镇政府边上还开了第一家网吧，电信局在成功路上有了4个零售点，生意都不错。

海八路上的安海医院挺繁忙，院长吕荣锡显得有些疲惫。来看病的人以看外伤为主，交通工具是方便了，但车祸实在不少。内科病则以乙肝为主，吕院长认为这和安海人的饮食结构多少有点关系：靠海的人都爱吃海鲜，但海鲜清洗状况并不佳。成功路上有4家药店，同时也是个体诊所，感冒发烧，一般都在那里解决。尽管如此，安海医院的年门诊都在8–10万人次之间。

分管成功路的片警黄呈块对自己辖区内的治安情况算是比较满意。除了100多个来自四川、江西和福建宁德的打工仔外，成功路上基本都是本地人，案件很少，今年仅发生成功东路摩托车丢失案两起、中路安海公园门口抢夺钱包、手机案两起和西路一家金银加工店被撬案。当然，他还是每天都要去街上转一圈，东家西家拉拉呱，了解一下情况。

今年安海镇的工商税收达到1.216亿元，工农业总产值按1990年不变价为45亿元。工业产值占95%以上，主要是电子玩具业。商业则以糖烟酒和饮料批发为主。农业产值已经很低了，今年只有8000万元，仅占总产值的2–3%，而且是传统的水稻、红薯和蔬菜种植业，全镇有3万亩基本农田保护区。

成功路常驻人口2100人左右，人均年收入约6500元。外来人口一百来人。

12月24日，安海公园边上，一家服装店正在装修；成功西路148号张家的孩子结婚了，门楣上贴着“张谢联姻”；郑丽英老太太过世了，她的亲属在街上游行，军乐队奏着《好人一生平安》。

1998 年：中原的一个村——小常庄

■ 迟宇宙

从郑州坐汽车出发，5 个小时就到南阳。从南阳坐汽车出发，不到 2 个小时就到唐河县。县城东 5 公里就是小常庄，312 国道（上海—新疆）从村中间穿过。在南阳盆地中，这是一个非常普通的村子，7333 亩的面积使它处于不大不小的位置。

当地的老乡说我运气不错，前两天很冷，这两天气温回升了，风也不大。他们还说，如果我能在这儿住到元旦，就能看到要从这儿经过的宁（南京）西（西安）铁路破土动工的场面。小常庄很可能成为铁路线上的一个小站。

刘中信今年 44 岁，在 11 月 26 日举行的村委会换届选举中，她获得了总共 1383 张有效选票中的 882 张。村委会大院里挂着块破黑板，是搞“村务公开”用的，上面记录着小常庄 1998 年的人口情况：总人口 2292 人，1148 名男性，1144 名女性，，劳动力 1328 人，有 10 户结婚（娶亲），13 人出生，17 人死亡，18 个一胎证、7 个二胎证，214 人（全部）做了单月孕检。

傅书金在村里唯一的企业——一家小墨水瓶厂做会计，一个月能挣 300 元左右。他家里种了 12 亩地，1998 年产了 5000 多斤小麦，夏天闹水灾，秋天没有什么收成。他说，要是平常年景，一年打 1 万斤粮食是没有问题的。农业收入在他的家庭收入中占 75% -80%。这也是农业收入在村收入中的比例。1998 年小常庄的人均收入超过 1400 元。

大儿子娶亲让傅书金花费了 5000 多元，+ 这还不包括盖的新房。“订亲”、“送号”（约定结婚时间）和“娶亲”是三道不可或缺的程序。订亲时要交换信物，娶亲时一般都有彩车（或租或借），男方家中要有新房、彩电。彩电的牌子多为“长虹”、“康佳”、“TCL”。招待客人的酒菜都是赶集买的。傅书金赶了两个集，一个在县城，一个在井楼村。猪肉价格为 4–4.5 一斤，白菜为 0.10 元一斤，鸡蛋约为 3 元一斤。平常家里只吃萝卜白菜、猪肉羊肉，但儿子娶亲的大事却让他不敢马虎，所以他买了很多品种。因为假货太多，他没敢买什么“三五”、“红塔山”之类好烟，而是买了许多“茅庐”和“南阳红”。他说小常庄人平常抽南阳产的“双龙”（1.2—1.5 元 / 盒）、“顺合”（1.2 元 / 盒）、“茅庐”（2.5 元 / 盒）。至于酒，他买了小常庄人喜欢喝的“仰韶”和“赊店”，还有南阳产的天冠啤酒和郑州产的金星王啤酒。

说到丧葬习俗，傅书金毫不忌讳，他说老人去世了，为了显示孝心，小常庄人都非常讲究排场，有人请唢呐班，有人买上等棺材（当地还没有火葬的习惯）、扎“金童玉女”（纸人）等，通常需要 2000 元以上，当然家境不太好的人家也有花千把元草草了事的。

与大多数农村一样，小常庄给人的感觉是混乱和无序，狗、猪、牛、鸡、鹅满地跑，街道上满是它们的粪便。但养殖业是小常庄人的副业，可以给他们换来油盐酱醋茶。在谢永卿的统计中，养殖业收入可达全村总收入的 20%，有的家庭甚至达到 60%，而有的家庭就根本没有副业。村中也有人从事唐酥梨种植，由于时间很短，几乎没有什么收益，1998 年只有常金生与翁保林家的梨树挂了果。

常金生今年 55 岁了，家里种了 11 亩地，其中 2 亩梨树。1998 年他的梨树给他带来了 500 多元的收益。本来他可以收入 2000 多元的，但梨树第一年结果，送了很多给亲戚朋友。梨子最贵的时候卖到 1 块 2 一斤，最便宜的时候也卖 8 毛。因为种树很辛苦，常金生经常胳膊疼。好在村子里有 4 个卫生所，7 个医生，都经过县以上卫生部门的培训，其中两人还是卫生学校毕业的，他就不用跑县城看病了。

除了村民大会，小常庄人几乎没有什么大型聚会。老人们倒是经常蜷在草垛边上晒太阳，议论一下国家大事或谈论一下村子里的是是非非。年轻人很少凑一块儿，每天的劳作已经使他们疲惫不堪。冬天，男人们大都出去帮工了，村子成了妇女同志们的天下。她们唯一的工作是给男人和孩子做好一日三餐，剩下的时间便全部消磨在看电视和在小泥塘对面的空地上打“拖拉机”和“百分”（扑克牌的两种玩法）上了，老人们喜欢听戏。孩子们玩象棋、军棋和羽毛球。

家里的老人喜欢对着收音机听戏。“我们家家都有电视机，都是彩电。男人们爱看新闻，什么新闻都爱看，尤其是中央电视台的《新闻联播》、《焦点访谈》和《新闻调查》。我们喜欢看电视剧，特别是那爱情片。”

在她们的生活中，孩子是最重要的。打扑克的妇女同志中，有三位的小孩儿正在小常庄小学读书。虽然小常庄小学在全乡 32 所小学中排前六名，她们还是对教育质量不满意。唯一使她们满意的是，小常庄小学的楼房是全村最好的，17 名教师中有 15 人是公办教师，孩子们也不会因为没钱而不上学。刘中信告诉记者，恢复高考后，小常庄有十几人考上了大学。

整天坐在村头草垛边晒太阳的一位常姓老人每天的工作是对着墙上的字发愣，他喜欢目不转睛地看着那些“方框”。冬至那天黄昏，他四处指给我们看他天天看的“方框”，有广告，也有标语。

“驻马店正大饲料人人夸”、“中医院免费接送急危重病人”、“喝新宇美酒，跨世纪享受”……这样的墙体广告集中在 312 国道旁的房墙上，它们将小常庄涂抹得花花绿绿，像个脸谱。专门给农户看的墙体标语主要有三类：宣传计划生育、宣传土地法、宣传“三户一村”（双文明户、五好家庭户、遵纪守法户、示范村），像“家事国事天下事计划生育是大事”、“女儿也是传后人”、“保护土地人人有责”之类，几乎遍布了村子的每个角落。11 月 26 日进行村委会的换届选举前后，村委会大院的墙上又出现了许多纸标语：“村委会换届选举是广大村民政治生活中的大事”、“人人参政搞好村民自治”……

这儿与那儿

「有可以不说的真话，决不说假话」，岭南老报人的一句话，被一张报纸拿来实践了25年。话没有什么稀奇，类似的话，康德早说过；意思没有什么稀奇，蒙学阶段就在灌输；修辞没有什么稀奇，比起「知其不可而为之」、「先天下之忧而忧，后天下之乐而乐」显得朴素。然而，以之为圭臬，却成就了一张报纸的气象。有人说，是特殊的时代成就了说真话的《南方周末》，此话可能只说对了一半。《南方周末》确要感谢这个奇迹般的时代提供的丰富机会。从民国时期的「厚黑学」到当代的「潜规则」，学者都在阐述对历史的理解，说真话需要足够的勇气。今天，更显真话的珍贵。真正成就《南方周末》的是一份朴素的信念：相信未来，并着手创造未来；珍视真善美，并着手护持真善美。真正成就《南方周末》的是一种咄咄的坚持：扎根中国，深入人民；放眼世界，纯粹新闻。这是理想主义者的执着。其中并没有多少创造，这样的理想主义，不过是中国千年不易的知识分子情怀与操守；这样的理想主义，不过是启蒙时代以来，人类的优秀分子共同的价值与行为取向。但就是秉承这样的理想，使《南方周末》从「服务改革、激浊扬清」到「让无力者有力，让悲观者前行」，从「深入成就深度」、「记录时代进程」到「在这里，读懂中国」，25年一路走来，几代报人，薪火相传。成功时有泪水，风雨中常微笑。由此，在《南方周末》创刊25周年时，我们出版这套丛书，并不是觉得《南方周末》做了什么惊天动地的事，并不是《南方周末》有树碑立传的需要。我们只是想通过结集的形式，持续地告诉爱她或恨她的人们，如她那样坚持。在任何时代，都能有这样的成绩，持续地告诉爱她或恨她的人们，不要怀疑历史终将进步，赤诚的新闻人只需着力于本分。

第贰年

1999 年：白鹿镇开始流行手机

■ 夏嘉平

易延容还是穿着去年的红色风衣在周围的一些铺子里玩。邮政代办点的门开着，两张破旧的桌子上有零星的一些信件、报纸，全镇唯一的邮箱可能好久没动过了，人们习惯了直接向她收发信件。只是下午三点左右，会有一辆绿色的摩托车开来，易延容取下两个邮包，然后忙上一阵子。

每天寄来白鹿镇的信件大约 20 封左右，比去年少了一点，寄出去 10 多封，也比去年少一些。小镇依然没有自己的邮戳。易延容说，现在每个村里都通了电话。这几天小镇上的一些热闹地方都贴有优惠安装电话的布告，布告上说：如果在 12 月 10 日至 25 日间安装电话，如果离电话线杆不超出 100 米，只收安装费 458 元。布告上说，优惠的原因是“为了迎接千禧年的到来”，这也是在这个小镇上看到的唯一的传达千禧年信息的符号。

装电话可能是今年的大事。从这个位于公路尽头的小镇步行往山里走，在一个半小时的路程内，可以在路边看到被遗弃的电缆轴承，一些地方的电缆还没被拉上电线杆。白鹿镇的电话区号是 028，与成都一样，往成都打电话比成都市话要贵一些。白鹿镇隶属于彭州市，彭州市隶属于成都。

站在白鹿镇的任何一个地方，几乎都可以看到镇政府的三层办公楼，它建在一个山坡上。更为有趣的是，它的楼顶上竖起了一个巨大的钢结构的电信基站。差转台从 1999 年 10 月开始运作，也就是说，除了去年仅能收到的成都的 188 台与 126 的传呼机信号外，手机开始通行无阻。这样，这个边远小镇所能享受到的信息基本与省城成都同步，因为在另一个重要的信息来源——电视方面，小镇基本上被彭州市有线电视网覆盖，可收到25个频道。

在调查的三天内，除了自己外，记者没有看到有人在街上使用手机，但据说，手机的数量还不少，除了政府人员外，大部分是外出司机。在一段时间内，手机卡只卖几元钱，这大概促进了手机的普及。但镇上没有电信机构，只有一个电信代办处，附设在一些出售与维修电视机的店子里，除此之外，该店子还代发《成都晚报》，每天六七十份，是镇上销量最好的阅读物。除了赶场时有玩具手机卖外，没有看到小镇上有任何手机或手机零配件在出售。

没有任何标志说明小镇的车站在哪儿，但有个约定俗成地，所有客车都会停在小镇上唯一的十字路口。所以，十字路口上朱老板的杂货铺生意不错是情理中的事情。但同样位于十字路口的供销社商场终于倒闭看来也是情理中的事，至少对于当地人来说是这样。连原来巨大醒目的“供销社商场”几个红色大字都已不见踪影，供销社商场的倒闭在当地并不是话题，原来的商场被分割成六七个小铺子，供销社把它们以每月80元租给原来的职工，而职工又以150元转租给经营者。这些铺子大部分开成了饮食店，生意还不错，尤其是那家卖羊肉汤的小店，在12月23日那天生意特别兴隆，羊肉汤两元一碗，泡馍五毛一个，还有人排着队。当然，也和那天是冬至有关，冬至吃羊肉是当地人的习俗。

其实朱老板是在1992年集体企业垮了后自谋出路开杂货铺的，所以，他觉得供销社垮掉很正常。他店里最好卖的物品仍然是棉鞋，12元一对，比去年少了一元，另外，冷酸灵牙膏，2元5角；舒肤佳香皂，4元，夏士莲，4元；宝宝霜雪花膏，1元5角；牛头电池，1元5角。这些仍然是最好卖的东西，与去年没什么区别。但是，今年的生意比去年差，朱老板说，去年每月有6000至7000元的营业额，但今年只有3000至4000元。“经济不景气，生意萧条”。

经济不景气的原因是因为今年倒闭了几个小煤窑。煤矿是白鹿镇的支柱产业。小煤窑倒闭的原因之一是因为设备差，加工的煤碳卖不出去。其实，煤矿业走下坡路是预料中的事，镇政府也明白这一点，所以，他们准备开发旅游业。白鹿镇的森林覆盖率是95%，森林公园是他们的寄托所在，也是去年小镇上的热门话题之一。现在，森林公园的大门已差不多做完了，但里面的设施还没有，谈不上旅游业。设施跟不上是因为没有钱投资。旅游业没有想象的那样简单，它需要大投入。

不需要大投入便可有收益的就是对一次性自然资源的利用。今年在小镇上经过的卡车几乎有一半以上运载的是石灰石。白鹿镇产石灰石，而附近正好有石灰厂、水泥厂。所以，在街上的每一个角落，都会听到不停地传来的开山的爆破声，每时每刻，就像钟表一样准确；这些爆破声正是小镇人的希望所在。

经济的不景气直接反映在赶场上，与去年一样，白鹿镇逢单赶场，12月23日下午2点左右，仍然是从天主教堂到乡卫生院间约200米长的场子上，除了原来的130多家固定店铺外，共有以下摊档：肉档，10个；日用品摊，55个；修补处，2个；烟草摊，3个；水果摊，13个；农具，2个；食品与农产品，18个；书摊，1个；烧烤摊，1个；赌档（小轮盘，以劣质香烟为引），1个。与去年相比，相差较大。当然，也有观察时的时间差，下午两点并不是最旺的时候。但这仍然足以看出今年经济的不济。一位小摊主说，“几乎是拿来多大的包，就得拿走多大的包。”而摆摊费倒是比去年涨了5元，现为每月20元。

同样在兴龙旅馆门口，非赶场日12月22日12∶45—1∶15，人流量为168人，客车量为4辆，卡车量为20辆。在赶场日12月23日下午2∶00—2∶30，人流量为209人，客车量为7辆，卡车量为10辆。而去年赶场日的人流量为325人。可以显示出：白鹿镇的场子确实有些衰落。

与去年相比，街上似乎没有明显的不同。但是，去年生意兴旺的啤酒乐园没有了，现在是一个小杂货店，应该说这是正常的事，因为去年它也是从另外一个镇搬来的，现在那些用来赌博的啤酒机可能正在另一个小镇上继续热闹着。而在兴龙旅馆二楼的一个大房间里，则出现了几台翻牌机，去年，这个房间还是个文化站，许多人出出入入唱卡拉O K。一些年轻人在饭桌上讲到玩翻牌机，但马上有人开玩笑说要把他捉了去，可见，禁赌是比较严格的。去年最兴旺的馆子是兴龙旅馆一楼的餐厅，但今年最旺的显然是镇政府门口的那家餐厅，中午时分，会看到不少人从镇政府的大门出来，拥进该馆子。据许多人说，该馆子的卤白肉与酸菜鱼很不错。事实上也是。

串串香是重庆人发明的，后来流传进成都，去年从成都流传到彭州，今年，在白鹿镇都可以看到它的招牌了。有两家馆子便打出了串串香的旗号。另外，九尺腌卤本是彭州特产，但去年在白鹿镇上并没看到，今年，镇上最大的一个牌子就是它的了。所谓最大的招牌，其实也就是 1 米见方的一块木板上写了几个字，标明菜名价目——皆在 10 元上下。

12 月 21 日晚，小镇上时时响起炮仗声，同时飘扬着各种各样变声了的歌声，直至深夜。第二天一早，炮仗声与铜管乐声再次此起彼伏，一支庞大的送殡队伍慢慢穿过小街，一条 200 米的街道竟然走了一个多小时。问人，才知道是酒厂老板的父亲过世了。按当地人的规矩，葬礼是要充满笑容的，所以，酒老板请了表演队，又请了众多人去吃“九大碗”，吃了“九大碗”后还要广开麻将桌。这是当地人的规矩，与成都类似，只是成都话叫“打丧伙”，当地人叫“吃九大碗”罢了。这种习俗，可以称之为“没有哭泣的葬礼”。

1999年：成功路上有“飞车党”

■ 连清川

福建省晋江市安海镇的成功路平平静静地度过了1999年。

在自行车修理铺的颜呈迎老伯眼里，这条6米宽的水泥路，和它所承载的人和事，一如他的沉默和微笑一样，未曾改变。他的房子没有变化，他的生意没有变化，今年每个月的生活费，还是400—500元之间。也许唯一有所变化的，是不会修理摩托车的他，今年开始替一些摩托车补胎了——人们都愿意找他，因为他收费便宜，而且手艺一流。

但是对于水果店的颜老板来说，今年发生的一些变化，却让他并不那么高兴。作为一个老“本地”，他对某些政府部门充满了怨气。他的店是租来的，每个月的租金是500元，税收200—300元，工商管理费100元，卫生清理费60元（原本只有10元），加上水电杂费，他的成本每个月是1500元左右，去年每个月的利润有2000多元，今年已经不足1000元。虽然说大儿子小学毕业后就在附近的工厂里打工，每个月有几百元的收入来补贴家用，但他的两个女儿在全镇知名的养正小学里上学，每个学期的学杂费加起来要3000元，支撑这么一个家，的确有些艰难。这都不算什么，最可气的是那些城管部门的人做事情咋咋呼呼，轻则骂，重则砸，要不是顾着这么一个家，他早就和他们大打一架了。

生活费用没怎么涨，瘦肉每斤8—9元，排骨8元，鸡蛋2.6元，西红柿1.5元，小白菜0.5元，海蛎9元。但说起生意他就是一肚子苦水了，杂货店的陈老板是支持颜老板的说法的，那就是生意真的比上一年难做了。他的铺子仍然破旧，咖啡、营养品等奢侈品上依旧落满了灰尘。流行的啤酒和香烟都换了品牌，2.5元一支的福建惠安产“惠泉至尊”啤酒代替了2元的厦门“银城”，一个月能卖出四五十箱，7.5元一包的上海“双喜”烟突然畅销，和传统畅销的3.5元一包的“牡丹”不相上下。至于假烟，依然非常猖獗，福建龙岩卷烟厂产的“石狮”和“七匹狼”，据称市面上有五成是假的；“红塔山”更是濒临绝境了，价格已经低到6—7元一包了，仍然很少人光顾。白酒方面，大家都喝20多元的“双轮池”，红白喜事用的大多是38元的“泸洲老窖”，大户人家就用“五粮液”，要150元。

服装店仍然是这条路上的“主流”，但来来去去的多了。去年中路和西路交界口的“利郎西服专卖店”已经换成了一家杂货店。“两三个月就关门的，不少。”陈老板不无感慨地说。但是仍然有新生意进入，浙江杭州卷烟厂今年一口气在成功路上开了三家“大红鹰”（该厂的名牌香烟）连锁店，卖的都是名牌烟，据女店主说，生意还不错。

12月19日下午，益民电器店的陈老板忙得不可开交，坐下来不到两分钟就又起身去忙了。但是他一坐下来就摇头苦笑，也许像今天这么忙的情况今年没碰上几回吧。“菲力浦”平面电视代替了“索尼特丽珑”摆在架子上做样品了，但只是样品而已，6000多元一台，两三台普通电视加起来的价钱，能有多少人要呢？卖得多的，还是国产品牌“厦华”、“长虹”；今天倒是卖了好几台广州产的“日日升”VCD，但是300多元一台，哪有多少利润？陈老板今年去广东的机会少了很多，因为晋江有人专门到广东去批发，价钱也差不多，他就觉得没必要绕上交通费了。成功路上今年又新开了五六家电器店。“我很奇怪为什么都在开电器店，生意这么难做。店多了，但是大家的收入又没有提高，怎么会好做呢？”他还是摇头。

也许是VCD机实在太便宜了，所以，今年去歌舞厅里唱卡拉OK的年轻人少了很多，晚上大家出来喝喝酒，就回家唱卡拉OK。所以今年又新开了很多音像店，一公里不到的整条路上有20多家，店名很先锋，“音乐磁场”“流行前线”什么的。“四大天王”仍然没有过气，任贤齐当然也是很流行的。片子很新，香港各大剧院刚刚上映的《爆裂刑警》和美国的《第六感》都有，奇怪的是还有一些老片像希区柯克的《海外特派员》，早期奥斯卡大片《桂河大桥》也能找到。当然，很多是盗版片子，问服务员哪里进的货，她只是笑着说，是老板的事，“我们也不知道”。

老人们却很担心年轻人。今年成功路上的年轻人多了起来，因为从广东回来的多了。今年在外面，尤其是在广东开鞋店鞋厂、服装店服装厂的老板们都没有生意可做了，关门回来，跟着他们出去做工的年轻人自然也就回来了。但是，家里也没有什么好让他们做的，于是闲着。“闲着就容易出事”，有人深更半夜在路上“飚车（摩托车）”，很危险，小车祸没少过。成功路上本来车就多，摩托车、主要的短途交通工具三轮摩托车、小巴、老板们的轿车，但白天大家还是会小心的。

外来工越来越多了，主要还是江西、四川和安徽来的，有建筑工，也有摆摊的。本省沙县来的主要开小吃店，安溪来的开茶庄——今年新开的为数不少，起码有五家。

对于治安大家真的是很不放心。今年成功路上出了两件大事，5月的时候，本镇最大的工业单位“恒安”集团的一位副董事长在成功中路他的家里被人杀害；前几天，邮政局夜里被抢，两名工作人员受伤，市长都去探望了他们。像摩托车抢金链的事今年也发生了不止一回，大家都有些害怕，以夜里不出门为妙。

人世沧桑不消说是有一些的。在西路开陶瓷店的沙县人郑老板患肺癌5月过世了，他大哥来给他清了一些小债，收拾了他留下的东西，关了店门走了。去年在成功西路148号张家老宅结婚的小两口添了个儿子，今年又贴出了“张高联姻”的大红喜字（这是习俗，无论你身在何处，婚礼必须在老宅办）。高天桂老人刚刚过世，20日出殡，军乐队、和尚、道士、族亲和他伤心的家属们一起在街上游走。

总体的人口没有什么大变化，还是2000人左右。

电信局局长林生才显得有一些无奈，因为移动通信分了出去，职工的福利肯定比去年差了。虽然今年IC电话的话务量比去年增长了一倍以上，主要因为外来工的增加，但是实际上固定电话的话务量不及移动电话。移动公司在安海没有分公司，是电信局代办的，今年在成功路上又新开了两家连锁店，总数达到6家，入网费只有800元，生意好过固定电话。高兴的消息也有，互联网的用户全镇今年增加了1000多户，成功路占了1/3强，快赶上上级下达的全镇任务360户了。去年在东路开的网吧经营不善，已经关了。过几天，就在电信局的楼下，要再开一家，主要为社会提供培训，比如怎样上网炒股等。IP业务还没开展，只在福州和厦门有试点。“数字通信还不是个大生意，现在主要培育市场”。

信息来源并不缺，报摊上的报纸有20多种。今年《泉州晚报》、《厦门日报》的销售量都下滑了，书店姓郑的老板娘说，买福州出的《海峡都市报》和《海峡导报》的人多了起来，但还是买《足球报》和《中国体育报》的人多。《南方周末》也开始在报摊里流行开来了，虽然发行量还不是很大，大多报摊只进5—6份。

镇党委书记洪飞跃的话里充满了信心。今年全镇的工商税收1.587亿元，比去年增长了30%，他把这归功于大企业，比如恒安、亲亲食品、华洋板材等，虽然没有新投资项目，但大企业都进行了增资扩营，前景很好。成功东路的建设已近尾声，开始有一些“高档次”的商店进驻。投了1000多万元搞了镇区自来水工程改造，引进了中国银行等一些知名企业的加盟。明年最大的问题是要对成功中路路面进行改造，因为破损很厉害了，“要筹80万元”。20日接待了一批来做全国小城镇人口改革试点的人，要把在镇区生活、工作的人全部转成居民户口。这意味着，成功路上有1/3左右的人要改吃商品粮了。

这几天有些冷，气温在10—15摄氏度之间，靠海的安海风很大，但女青年们似乎都不怎么怕，短裙仍然很流行。家家户户的电视频道都定在澳门回归上，做生意、卖水果或者炸油条的时候，有一眼没一眼地看着。安海公园门口挂着大幅标语“热烈庆祝澳门回归”。

冬至马上就到了，大家都忙着准备圆子，或者买，或者自己做一点儿。天气这么冷，这一年又过得那么不容易，都暖暖身子，也暖暖心吧。

1999年：小常庄人口出现“负增长”

■ 迟宇宙

第二次造访小常庄，记者选了一条与去年不同的路：武昌－枣阳－唐河－小常庄。事实证明，这是一个“决策失误”：尽管从地图上看，武昌到小常庄的距离与郑州到小常庄的距离相差无几，路上却多花了两个钟头。

在南阳盆地中，小常庄是那样的普通，以至于汽车进入唐河境内后，我从路过的每个村子里都能感觉到小常庄的气息。真正抵达小常庄后却发现，一年不见，这个村子变了。

本来以为能看到从小常庄经过的宁（南京）西（西安）铁路热火朝天的施工场面，没想到村子周围却十分安静。宁西铁路据说在今年元旦破土动工，现在却依然没有动工的迹象。听村民说，由于资金原因和线路问题，铁路推迟到明年3月动工，目前正在招标。

初冬的小常庄显得萧瑟，丰收的气息已经没有了，只有村子上空的袅袅炊烟还能证明它的活力。

在20世纪最后的日子里，小常庄平静而安详。与往年一样，人们重复着死亡与繁衍的故事。今年有20个婴儿降生，其中11个男孩，9个女孩。新的生命的降临意味着老的生命的故去。在这一年里，有15个老人从小常庄永远地消失了。70多岁的张秀成老人是最后一个，她有4个儿子3个女儿，按照当地习俗，他们为老人算了一个好时间，在12月15日早晨早早地将她安葬了，老人的棺木据说是子女们亲自打造的。村支书常金山说，像张秀成老人这种情况，“排场一般”，安葬的费用大概2000元。小常庄其实在几年前就已经提倡火葬，但因为种种原因，推进的速度一直很慢，常金山觉得“一种习俗的改变，并不是三两天就能完成的事情，需要慢慢来”。

小常庄今年的“在册”人口实现了“负增长”，去年记者前往调查的时候，它的人口是2292人，今年下降为2255人。村主任刘中信说，造成这种状况的原因是，村子里今年出嫁的新媳妇多了，考上大学、中专的学生也多了，他们将户口转到了外地。

去年海选上来的女主任刘中信这一年干得还算顺心，去年年底开始搞的井灌工程已经派上了用场，村子里也通了自来水。这都是她的政绩。然而她也有不顺心的地方，那就是收提留统筹款，她挨家挨户地“求爷爷告奶奶”。一位闻讯赶到的乡干部说，这都是今年河南大旱的“后遗症”：“今年农民们收成不好，手里没钱，‘三提五统’就不好收。实际上农村的问题就是钱的问题，只要农民手里有了钱，什么问题就都好解决了。”

河南今年夏天大旱，唐河也未能幸免，小常庄的灾情更是严重。据常金山介绍，从7月中旬到10月中旬，小常庄滴雨未落，庄稼收成很差，不到往年的50%，很多农田绝产，只有井灌工程周围的部分农田灾情稍微轻些。这是小常庄的官方说法，民间介绍的受灾情况则更严重。据记者了解，主粮小麦受灾尤其严重，民间说法是亩产平均不过50斤。小麦的减产、绝产已经影响了部分农民的生活；玉米、大豆、芝麻、高粱、花生这些农作物也不同程度受到了旱灾的影响，有的灾情比小麦还严重。然而“三提五统”款还得照样交。记者在村中调查时，不时有村民拉住记者诉苦。古城乡一位乡干部说，这也是没有办法的事情，乡里的“三提五统”标准是按照1997年的农民纯收入水平订的，按照国家政策一订3年，所以他们今年也只好按照1997年的标准来收取。今年全村“三提五统”总额是148000元，比去年略有下降。刘中信在挨家挨户收“三提五统”的时候，也听到了各种各样的满腹牢骚。一些村民为了增加收入，就只好外出打工，到远方（出省）的人有200多人，在省内的有100多人，每天到唐河县城的也有400多人。据说在远方打工的人除了吃喝外每天可落20元左右，在唐河每天也差不多是20元。

70多岁的农民常全国种了两亩地，今年土地基本绝收，他与老伴就只好到附近各村乞讨为生。据常金山讲，他有一个儿子，几年前犯了事，老人觉得丢脸，坚决不到监狱里去探望他。结果儿子出狱，扔下老人不管了。而老人的“婚姻”也成为村民诟病的对象。这是一桩“非法婚姻”，他的老伴80多岁了，原来也是四处乞讨，后来遇到了常全国，被他收留了。两个人相依为命，没想到又遇到了大旱，生活成了问题，老太太也生了病……一位乡干部听到记者的讲述，当场表示一定要给老人看好病。

小常庄今年开始推广双孢菇种植，有16户种了4600平方米，全乡则种了6万多平方米。唐河县科委在小常庄设立了一个双孢菇加工点，这个加工点“侵占”了村委会的两间房子，不知道是否应该算作是小常庄的“工业”。县里要把双孢菇的种植、加工办成一个支柱产业。古城乡所有的双孢菇据说都送到小常庄的加工点加工。常金山说，种双孢菇，每平方米毛收入能达到20元，收成好的可以达到30元。但投入也大一点，头一年每平方米的投入要10元，因为要搭棚子、买薄膜；到了第二年投入就少了许多，每平方米用不了5元，搞得好每平方米净赚20元不成问题。小常庄目前的双孢菇种植还未形成“联合经营”，16家农户是分散的，各种各的，村子里给他们提供地皮、麦草和稻草，提供一些方便。

常金生在自己的两亩梨树园里种了120平方米的双孢菇。他的两亩梨树园今年也没有什么收益，天旱，收成不好，梨子收得太少，除了送人，剩下的全被自己吃光了。倒是双孢菇让他收了一点钱，交了“三提五统”，吃喝拉撒正好持平。但他还是对明年充满希望，希望明年有一个好的年成。

县里订的农业政策说要发展农业生产，调整农业结构，发展几个支柱产业：唐酥梨、烤烟、无籽西瓜和双孢菇。以黄牛为主的畜牧业也在重点发展的行列。现在村子里有800来头牲畜，黄牛占了“主导地位”，有600多头。常金生家里就养了两头，不过农忙季节一过，他就把黄牛给卖了，准备搞台拖拉机回家。

村里已“发展”了400亩旱稻，结果因为大旱“这一炮没打响”，让刘中信很不好意思。她估计明年还会有人种旱稻，但面积肯定没有这么大了，这是“实验”的成本。常金山是一个喜欢看报纸的人，他的话里带着一些在农村里听来很新鲜的词汇。他说：“入世后农业受冲击大，经济作物少一点。我们这儿提倡多种瓜菜，以无籽西瓜为主，明年村里计划种400亩。还要种300亩从法国引进的蓖麻。这个有回收合同。现在只要有回收合同的就敢种，没有回收合同的就不敢种。”

傅书金去年工作过的那家小墨水瓶厂已经停工20多天了，炉子坏了。一年来，这个墨水瓶厂一直这么不死不活，学生放假它的生意就好一些，其余的时间则惨淡经营。常金山说，墨水瓶的销路不太好，厂子里货积压得多，资金流动不了。

1998年小常庄的人均收入超过1400元，这是“官方数字”。今年的“官方数字”还没有统计出来。不过，常金山认为农业收入下降了一些，肯定要影响家庭的总收入，农业收入在家庭收入中的比例，也会下降很多。

这一年里，村子里盖了5栋楼房，其中4栋是“仿古式”的。村民们所谓“仿古式”，不外是房顶用了琉璃瓦。常金山在路边新盖的那栋楼就是“仿古式”，花了3万多元。他老婆是村里常庄小学的公办教师，月工资500多元。他则在家里种了些雪松和塔柏。据他讲，雪松长成后每棵可卖150元以上。每亩地能种700多棵，种满4年，可是一笔不小的收入。常庄小学校园里有一棵雪松，长得很漂亮，常金山估计可卖1000元。

常金山并不是种树大户，常孝华才是这方面的“龙头老大”。常孝华是大常庄人，有责任田与小常庄相邻，于是就在小常庄又承包了十几亩地，专门搞花卉、树木种植。现在他的种植场在小常庄村口挂了个牌子，叫“唐河县东区园林花卉场”，是古城乡的财政财源建设示范基地。他是从今年4月开始搞这行的，种了40多个品种，有牡丹、玉兰等花卉，也有雪松、黑松、龙柏等风景树。除此之外，他还在这里的荒地上种起了草坪，专门给城里提供草皮，一平方米能卖12—15元，前两天有人打电话向他订购了6000平方米，这两天就要来看货。常金生说，常孝华这个人很有经济头脑，他还在这个花卉场里搞了个草地钓鱼场。“钓鱼场”实际上就是一个水塘，经过常孝华的整理与修葺，还真像模像样。常孝华原来定的价格是钓一斤鱼付5元钱，现在因为熟人多，大家就来随便钓，随便给点钱就行了。

村子里聚在一起闲聊的妇女明显少了起来，常金生说，大家都到地里干农活去了。由于今年大旱，需要为明年的收成早作准备。

习俗依然是老一套，娶媳妇要过“订亲”、“送号”、“娶亲”三关，不过今年彩电流行的品牌变成了“TCL”，“康佳与”“长虹”正在慢慢淡出。订做的家具正流行“仿古式”，价格在1000元以上，大多是红松木做的，属中等水平。“城里人做高档的，要几千元”。招待客人的酒菜还是赶集买。物价今年还算稳定，猪肉价格为4.5—5元一斤，略涨；白菜为1元8斤，略涨；鸡蛋约为2.3元一斤，降幅超过了20%。但是今年粮食的价格也在下降，去年小麦国家收购价最高为0.76元，今年变成了0.42—0.45元/斤。后来记者偶遇县粮食局局长，他提供的数字则稍高一点。烟酒的“流行风”风向都发生了一些变化，不过烟的变化小一些，酒的变化大一些。“三五”、“红塔山”依然不是主流，“皇后”、“茅庐”和“群英会”（单价均为2.5元/盒）主宰了小常庄的市场。至于酒，“仰韶”越来越少，“赊店”已经不见踪迹，新疆的“白杨老窖”（4—5元/瓶）、湖北的“稻花香”（7元/瓶）和南阳本地的“卧龙玉液”行情看好。南阳产的“天冠啤酒”和郑州产的“新郑州啤酒”是小常庄啤酒市场的“霸主”，而湖北枣阳的“金龙泉”和河南信阳的“鸡公山”正在向它们挑战，郑州产的“金星王”已经遭到了彻底的淘汰。

常金生还是喜欢看电视，只要时间赶得及，中央电视台的《新闻联播》、《焦点访谈》，他是从来不耽误。《焦点访谈》在小常庄是最受欢迎的一个电视栏目，由于今年的负担重，村民们对涉及农民负担的报道就十分关注。12月2日报道的“湖北浠水县松山乡4000多名农民联合状告乡政府”的事情一直为他们所津津乐道。

去年那位老人天天看的“方框”，已经完成了改头换面。饲料的广告没有了，换上了“月月舒卫生巾”，水泥的广告少了，多了个“仙竹洗衣粉”，只有“喝新宇美酒，跨世纪享受”的广告还与“小常庄”一起矗立在312国道旁边。312国道旁明朗了许多，路边的不少建筑已经被拆除了，听说是出于保护道路的需要。于是墙体标语也越来越少，今年新刷上的只有村委会大院墙上的“少生快富小康之路”。倒是去年村委会选举的一些标语，还偶尔出现在眼帘中。

这儿与那儿

「有可以不说的真话，决不说假话」——岭南老报人的一句话，被一张报纸拿来实践了25年。话没有什么稀奇，类似的话，康德早说过；意思没有什么稀奇，蒙学阶段就在灌输；修辞没有什么稀奇，比起「知其不可而为之」、「先天下之忧而忧，后天下之乐而乐」显得朴素。然而，以之为圭臬，却成就了一张报纸的气象。有人说，是特殊的时代成就了说真话的《南方周末》，此话可能只说对了一半。《南方周末》确要感谢这个奇迹般的时代提供的丰富机会。从民国时期的「厚黑学」到当代的「潜规则」，学者都在阐述对历史的理解，说真话需要足够的勇气。今天，更显真话的珍贵。真正成就《南方周末》的是一份朴素的信念：相信未来，并着手创造未来；珍视真善美，并着手护持真善美。真正成就《南方周末》的是一种咄咄的坚持，扎根中国，深入人民；放眼世界，纯粹新闻。这是理想主义者的执着。其中并没有多少创造，这样的理想主义，不过是中国千年不易的知识分子情怀与操守；这样的理想主义，不过是启蒙时代以来，人类的优秀分子共同的价值与行为取向。但就是秉承这样的理想，使《南方周末》从「服务改革，激浊扬清」到「让无力者有力，让悲观者前行」，从「深入成就深度」、「记录时代进程」到「在这里，读懂中国」，25年一路走来，几代报人，薪火相传。成功时有泪水，风雨中常微笑。由此，在《南方周末》创刊25周年时，我们出版这套丛书，并不是觉得《南方周末》做了什么惊天动地的事，并不是《南方周末》有树碑立传的需要。我们只是想通过结集的形式，持续地告诉爱她或恨她的人们，如她那样坚持，在任何时代，都能有这样的成绩；持续地告诉爱她或恨她的人们，不要怀疑历史终将进步，赤诚的新闻人只需着力于本分。

第叁年

2000年：白鹿镇龙门山要申报自然遗产

■ 贾明　余刘文

黄连涨价了

小镇的商业氛围显然浓了许多。200米的街道上挂着5条彩色横幅广告，3条集中在人气最旺的十字街口。其中一条颇让白鹿人心动：彭州电信“飓风行动”，先装机后付费，308元大优惠。除了横幅，小广告也贴满了十字街口的墙壁：云大120，致富好帮手；彭州驾校招生，彭州武术学校招生；泰发酒仙酒，人间几回有；老军医治性病……乡政府的中心工作也在小镇的墙壁上体现无遗，每走10米，至少会看见标语一条：不准超标占地建住宅；严禁野外用火，保护森林资源；计划生育，功在当代，利在后人；人口普查，利国利民；严格执行《城市规划法》……还有斑驳的标语，20世纪六七十年代写的，其中一条是：鼓足干劲，排除万难，力争上游，多快好省地建设社会主义。

在白鹿镇调查3天，两种声音让人无法回避。一种是开山炸石的爆破声，像小镇的心跳一样，每隔几分钟便会传来，深夜12点才停歇；一种是麻将声，从街头到街尾，每隔七八米就有一桌或几桌人在“砌长城”。15日下午5点半，记者走进镇里最好的旅馆——谊园茶庄，就看到4桌人在“搓麻”，店主刘迁延也在其中。她这个茶庄生意不错。茶0.5元一杯，打麻将则一桌收5元，仅这一项，小店一天有20—30元收入。住宿也很便宜，两个床的“标间”住一晚收费20元。刘迁延说不是每天都有生意，因为这个季节来小镇的外地人少了，夏天就要好得多，人们从成都来白鹿避暑。

今年小镇最激动人心的话题是“黄连价格猛涨，上环山的人发财了”。上环山是指小镇往里走回水村所在的大山，站在小镇上就能看到，适宜于种黄连。去年，黄连每斤 40 元，不少人就赚了钱，今年，黄连价陡然涨到 90—100 元，“黄连老板梦里都笑醒了”，一家赚几十万元的多的是。受黄连利好消息影响，白鹿信用社的存款也陡然上升。

获益的还不止于此。白鹿镇最大的电器经销商郑忠的生意今冬也格外好。在他打通的三档铺面里，集中了国内几大电视品牌：长虹、康佳、TCL、厦新、海尔，一个月能卖 20—30 台。郑老板做生意不搞统计，只记得“长虹”卖得最好。此外，这 30 多平方米的店里还卖 VCD，有步步高、金正、厦新、长虹 4 个牌子。郑忠三十来岁，头脑好用，看准了电信是新的经济增长点，便“垄断”了白鹿的电信“事业”，他的这个店还是中国移动通信指定代办点、白鹿镇电信代办点，坐机与移动兼营。11 月，仅神州卡就卖了 3000 多元。“308 元装电话”的“飓风行动”在白鹿镇掀起了电话热。去年白鹿全镇装了 70 部电话，今年装了 700 多部，还有 100 多部下了订金。郑忠这样解释“电话热”的原因：“农民做生意，电话好重要嘛，信息一沟通就是‘钱’。农民不富，我没生路，农民发财，我也发财。”

易延容见到我们就笑了

12 月 16 日 9 点 10 分，阳光还没有照到小镇最高的建筑物上。因为小镇两边是高峡对峙，群峰把阳光挡住了。而这个时候，在十字路口开煮品店的苏崇能的面条都快卖光了。他的这个店在小镇颇有些年头，开了八九年了，价格与去年比没有变化：笋子杂酱面 1.5 元一碗、馒头 0.3 元一个、稀饭 0.2 元一碗、包子 0.5 元一个、粉 1.5 元一碗。来吃早点的，几乎都是熟人。

从苏老板的煮品店往下走 10 米，就是易延容上班的白鹿邮政所。门半掩着，里面没人。在她倒垃圾返回邮政局的路上，凭直觉，我们认出了她。她穿着一件蓝底碎花长棉衣，长发，唇上淡淡抹了点口红，见到我们就笑了。她是这个镇上的漂亮姑娘之一，很大方，今年 25 岁，还未出嫁。8 月 10 日，彭州市邮政局给只有她一人的邮政所颁发了“2000 年报刊征订工作先进集体奖”。今年，她的报刊征订工作搞得也不错，统计表就放在桌上：《四川日报》34份、《四川农村报》41份、《人民日报》17份、《光明日报》1份、《成都晚报》60份、《彭州日报》200份。

统计表的旁边，是一瓶盛开的腊梅，金黄色的花朵，香味很好闻。今年7月，彭州市邮政局为这个代办点装修了门面，易延容的办公环境焕然一新。

她一天的事不多，除了报纸，每天收20多封信，发10多封信。她干这个工作已有6年，前任是她大姐。对这份工作，她唯一感到遗憾的是，“不好耍，一个人上班，说话的都没有”。

在邮政所的门口，停着一辆崭新的白色奥拓，这是白鹿的私人轿车，是一个姓李的老板买的。

明年，白鹿镇将增加一条街，长500米，宽12米。

12月17日，逢单，是赶场天，又是礼拜天。早上7点多，教堂响起了用四川话唱的赞美诗。前来做礼拜的只有23人，能容纳300人的教堂显得有些空荡。没有年轻人。信天主已51年的张大妈说：“我儿子也信天主，但他忙着做生意，没参加礼拜。”

8点半，白鹿镇的130多间铺面全开了。杂货铺的朱老板还特意把鞋、胶壳热水瓶等好卖的商品搬出店门，摆到街面上。四邻八乡来的村民、小贩则把红橘、鸡蛋、大米、白菜、萝卜、红糖、土豆、猪肉等商品往地上一放，便做起了生意，街上人多起来，满载煤、石灰石的东风车被堵在十字街口，司机按喇叭，没人理会。临时摊位最密集的应算派出所门口的空地，大约七八十个，除了4个肉档，全是卖蔬菜的，一律水灵灵的，很新鲜。价格比往年略有变动：连皮带骨猪肉4.5—5元一斤，白菜0.2元一斤，鸡蛋4.5元一斤，白萝卜0.13元一斤，大米1—1.4元一斤。

白鹿人把有铺面的叫坐商，没铺面的游动摊叫行商，行商只有赶场天才有，全是卖菜卖米卖鸡卖蛋的，所以白鹿人买菜都要买够两天吃的。中午一点钟左右，场渐渐散去，拉煤的车可以自由通行了，而在通往各村庄的小路上，则满是回家的男女老幼。

不过，赶场天交通堵塞的现状将在明年得到改善，镇里已作出规划要在流过白鹿镇的白鹿河边修一条后街，长500米，宽12米，行商都要搬到那儿摆摊，不少卖黄连发了财的上环人都来这儿盖铺面。

龙门山忽然变得神秘了

从7月开始，成都的地质专家一批批来龙门山考察，他们说龙门山是远古时代从青藏高原随着冰川漂过来的，是世界上面积最大——达40平方公里——的巨型冰川漂砾，白鹿人开始感到身边这座大山有些神秘了，乡里的干部说龙门山正申报世界自然遗产，并准备建国家地质公园。这一消息吸引了南充老板谢运旭，他和另一位老乡投资300多万元，正在修一条贯穿白鹿森林公园的旅游线路。冰川漂砾景观大多包含在森林公园里。这条路从古典的公园门楼开始，顺着陡峭的山路，一直修到塘坝子，全长4.6公里，路基工程已竣工，农民们正往上铺碎石。龙门山盛产石灰石，就地取材，比较方便。

塘坝子是白鹿森林公园的核心景区，是高山顶上的一个天然坝子，面积不大，宛如一个世外桃源，多洞，多奇峰。就在上个月，地质专家钻进当地祈雨的五龙洞，发现了天坑洞壁上的“神秘文字”，它们似字非字，似图非图，猜测是远古人类留下的。

塘坝子村民意识到自己脚下土地的价值，搞起了旅游开发。从今年7月缪明全的农家乐开张到现在，塘坝村已搞起了30多家农家乐。缪明全今年接待了100多个客人。

缪明举显然没有因自己起步晚而担心。他的房子建好后将是塘坝子规模最大、最漂亮的农家乐旅游点，三层高的川西民居建筑已完成大部分，正在装修房间。这个占地1亩4分的农家乐有50个床位，有会议室、棋牌室。吸引人的是宽敞的院子里，已栽满了广玉兰、杜鹃、野山茶和黄菊，缪明举的设计是要天天闻花香，月月有花开。这个62岁的老人见过些世面，精神矍铄，思路清晰。他说明年春天他的农家乐开张后房费只收10元一晚，肯定比别家有优势。客人可以自己到地里摘菜来加工，跟在自己家一样，他还准备花六七万元买辆车来玩玩。

老人的老伴去世8年了，他养着一条北京犬，还小，每一个客人来都要撒娇，客人走了，都要送出门，并依依不舍地哼几声。

2000 年：成功路基本实现小康

■ 陈 海

成功西路尽头体育健身中心的开张，在镇上着实掀起了一股健身热潮。新张第一个月，观者如云。但究竟是看热闹的多，新鲜劲过后，也冷清下来了。

颜江贤把这“冷清”归结为“人们的健身意识不强”。颜江贤是健身中心的三个合伙人之一，泉州体校毕业，开健身中心源于对专业的热爱。事实上光有热情并不够，9 月 15 日开业至今，中心一直处于亏损状态。“但还得撑下去，15 万元的投资不能让它打了水漂。”另一合伙人颜志发说。

22 岁的颜江贤给记者算了一笔账:9 月 15 天收入 4000 元,扣除房租 2000 元，工商管理费 200 元，健身指导的工资 1800 元，不计水电及其他开支也仅能持平。10 月、11 月两个月共有 5600 元进账,亏损是明显的。12 月到了 16 日这天，只有 21 人买了 80 元 / 月的会员卡，肯定见不到利润。颜江贤乐观，认为健身是一个新兴的行当，人们对它的认识还需要一个过程；再说年关将近，大家忙于挣钱，没空健身。颜的计划是，两年内收回投资。

12 月 16 日晚上 8 点，有强烈节奏感的音乐从健身中心传出。一楼，有 8 个人在各种健身器械上做单调的运动，颜志发光着膀子在平板卧推架上挥汗如雨。二楼是女子形体室，台上台下就两个人。尽管只有一名学员，健身指导徐俐仍如同往常一样认真。徐俐是颜江贤从莆田聘过来的，她不明白在莆田生意很好的健身操为什么到了安海就是不行。

这样的困惑在修理自行车的颜呈迎老伯看来似乎有些滑稽，“到街上跑上几公里不就得了，何苦花钱受这个罪？”

更让颜老伯受不了的是成功东路上的“卡迪尔”迪吧。幸亏离得远，眼不见为净，他看不惯如今年轻人愈来愈怪的扮相和玩法。镇上正经的年轻人都不大去“卡迪尔”玩，但这并不妨碍它成为镇上最火的娱乐场所。

12 月 18 日晚上 10 点，“卡迪尔”劲爆的鼓点在附近的街上也能听到。迪吧内镭射灯刺眼，一百多名男女在狭小的舞池内剧烈地扭动。门外有 8 名保安提着警棍，六七十辆摩托车沿街排出十余米。

这一切在颜呈迎老伯看来就很荒诞，他说管住自己的四个孩子不让他们学坏就行了。颜老伯更关心的是他眼前的生意，虽说四个孩子已有两个进厂做工，但每月 1000 元的收入根本指望不上。还有两个小的在念书，还需用钱，他还得干下去。颜老伯说生意没有去年好，一是西路上又开了两家摩托车修理铺，他们工具先进；二是路比从前好了，车不容易坏；更重要的是，今年骑自行车的人更少了。12 月 17 日上午 10 点 40 分至 10 点 59 分，驶过颜老伯修理铺前的车辆数是：167 辆摩托车，29 辆自行车，16 辆汽车，5 台拖拉机。摩托车明显多于自行车。正由于车多，成功路始终尘土飞扬。

此后半小时，颜老伯迎来 4 桩生意，两桩补胎，收 5 元（摩托车 3 元，自行车 2 元），一桩换小零件收 1 元，一桩充气收 3 角。就这样，颜老伯每月有 1000 多元的纯收入，而对面，三家店铺在上个月先后关了门。

从成功东路最东端走到成功西路最西处，按正常的步速，花了 32 分钟。路却渐走渐窄。

成功中路是安海镇最繁华的地段，其中商店 239 家，12 月 17 日这天有 17 家未营业。6 米宽的路两旁新建了 4 个候车亭，但站牌损毁严重，贴满了花花绿绿的名片：东南亚证券公司厦门分公司代办各种证件，某酒店歌厅诚聘男女公关若干，月入两万以上……

候车亭后面老牌牛肉火锅店 24 岁的老板娘蔡燕真说那是扯淡，但还是有人会上当。火锅店上月刚装饰一新，但生意却不见起色。自 15 岁随父母在石狮市做餐饮，蔡一直从事这一行当，去年嫁到安海做了火锅店的老板娘。连续几个月生意不景气，蔡认为与各种税费太多不无干系。房租 3800 元，工商管理费 300 元，税收 400 元，工人工资 4200 元，卫生费 90 元，除此之外，还要交 30 元的“治安巡逻费”，不时还得应付各种检查和罚款。“交就交呗，可大盖帽不时还上门找茬”。自 10 月店里被盗，丢了一台手机、一台影碟机，500 元现金及 20 多盒 VCD 碟片后，蔡急了，说什么也不再交“巡逻费”了。

而斜对面的“龙门客栈”台湾风味清粥小菜餐馆明显比火锅店生意好。12 月 17 日中午 12：20，“龙门客栈”有客人 46 人，此时蔡燕真店里只有 2 人。傍晚 6：20，“龙门客栈”有客 58 人，火锅店 6 人。龙门客栈的员工着装统一而略显复杂，客人进出都会听到三五声“欢迎光临”或“欢迎您再来”。火锅店的员工显得太文静。

蔡燕真的老公肖文墨看上去和他的名字一样有文化味，他在火锅店往西 100 米处还经营着一家书店，取名“文墨书苑”，已有四年。“文墨书苑”与相距不足 20 米的新华书店不同，显得雅致而有情调。淡淡的吉他曲《阿尔罕布拉宫的回忆》把大街的喧嚣赶了出去，书苑纯文学读物占去 2/3，其他分别是社科、经济、自考、生活、传记、电脑、工具、儿童读物。肖文墨特辟一层架作推荐书目，本月有七种：《生命的留言》（陆幼青）、《世纪之痛》（涂俏）、《痛并快乐着》（白岩松）、《尘埃落定》（阿来）、《挪威的森林》（村上春树）、《2001 年中国经济蓝皮书》、《我是农民》（贾平凹）。右侧张贴着“12 月 1 日至 15 日畅销书排行榜”（10 名），前三名是《做自己想做的人》（李铖）、《快乐如何》（何炅）、《破袜子》（霜子），肖文墨说青少年买得多。

盗版书在安海的繁荣在一定程度上影响了“文墨书苑”的发展，但肖文墨坚持不让盗版图书进店。市场的回馈和追求高品味高格调之间会有很强烈的冲突，肖说他有时会很苦恼。但书苑的经济效益还是要比火锅店强，肖聊以自慰。对今年生意普遍徘徊不定，肖认为“经济回喘，大家手上有一些闲钱却又不敢乱花”。

比如成功西路 56 号的服装店“色彩 18”开张三个月一直亏损，颜姓老板娘愁容不展。和她一样境况的生意人在成功路上并不少。

今年变化最明显的可以说是成功中路陆续冒出了十多家专卖店，如佐丹奴、卡佛莲、得尔路、以纯、七喜（电脑）等。“色彩 18”的颜老板说专卖店对她们的冲击很大。

12 月 18 日下午 2 点，成功中路 274—276 号佐丹奴专卖店里，6 位戴着圣诞帽的店员在欢快地布置圣诞树和彩灯，彩灯组成的“Merry Christmas”熠熠生辉。经理颜治生并不掩饰因生意红火而带来的骄矜。颜管着闽南6家店，他下午还要去青阳镇上的店里安排圣诞促销活动。颜认为生意好的原因是佐丹奴很迎合老年人和儿童的口味。

还有更高档的，比如“老牌牛肉火锅店”西侧的“得尔路”专卖店，最贵的皮鞋标价1380元，最便宜的也要180元。蔡燕真的伙计郭建明说，狗日的怪得很，1000多元的鞋买的人还不少。

同去年相比，农贸市场的菜价变化不大。瘦肉7—8.5元一斤，鸡蛋2元6角，冬菇3元，芹菜2元，西红柿1元2角，胡萝卜1元，白菜8角，红花鱼13元。

成功东路西端全镇最大的商场——跨世纪百货依旧人来人往，临街的橱窗装饰了松柏和鹿，艺术化了的“圣诞快乐”颇惹人注目。店内牛奶的品种比往年都多，共26种，光明和伊利销量最好。水有4种：益力、乐百氏、天与地和雀巢，镇上人大多喝1元6角的益力（产地深圳）。白酒是32元/瓶的金种子、23元/瓶的种子酒及62元/瓶的小糊涂仙最受欢迎；啤酒还是3元/瓶的“惠泉”独领风骚，其次是4元2角的“青岛”和3元5角的“清源”。西装价格不菲，LEMAN其中一款标价1720元，BOSS要价480元，GANANO是1280元，服务员说这已是8折后的价了。

按照镇里的规划，成功西路因路窄且人口密集，不宜过度发展，将来更多用于仓储；中路建成商业街后，已初具规模；而东路经扩建，将大力发展商品住宅，并引进高档品牌及高级娱乐设施，镇上领导说“七匹狼”、“雅戈尔”、“海尔”等已有意进驻。东路的住宅群虽不高，却也排列有序，成为小镇新的景致。向南一公里远，有晋江市唯一的四星级酒店——华达大酒店。

互联网用户已增加至2000多户，每年都在以千户以上的速度递增，“以后会更快，这是趋势”，电信局局长林生才很欣慰。全镇今年已有11家网吧，5家在成功路上。12月17日下午4点，电信局办的全镇最大的网吧有4人在上网，收费每小时4元。

18日下午，距电信分局不足20米的移动通信公司营业厅正在装修，说是元旦正式营业。800米长的中路上的电杆广告，“海尔”占了半壁江山，另一边是移动和联通平分秋色。

镇党委书记洪飞跃认为2000年为新世纪开了个好头，全镇经济形势趋好，工商税收创纪录地达到1.8亿元。恒安、亲亲食品、福源食品、华达集团等大企业势头不减，全镇企业及三资企业也有大幅增长，但农业继续萎缩。洪认为镇政府1996年从西路迁至东路，带动人口东移，也带动了成功路的繁荣。已有官员提议在成功路上进行公共汽车试点，因摩托车太多担心竞争不过，暂时搁置，但洪说开通公共汽车是早晚的事。

今年镇里投入400多万元大搞照明工程，成功路一度通宵辉煌夜夜笙歌，后来镇里一算，光明是光明了，可一年多出300万元的开支。三个月后成功路又黯淡下来，仅节假日才一现辉煌。因照明工程的大投入，成功中路的路面建设又得推迟到明年，初步预算要筹100多万元。

安海镇上的人均年收入是7417元，但镇政府有人建议记者不要写，因为镇里贫富悬殊很大，这个数字会给基层工作带来不便。“该宣传的是，我们95%以上的居民解决了温饱，不足40%达到小康，成功路基本实现小康生活”。

治安问题还在让成功路上的居民揪心。每天偷东西、抢劫成了常事，尤其愈近年关，案发愈频繁。安海公安分局陈局长说恶性案件没去年多，但案件点数却呈上升趋势，主要是抢劫和偷窃，陈认为是流动人口增多的缘故。安海1996年12月成立全省第一家镇级110，今年平均每天出警13次，最多一天达到28次。

成功中路142—144号雅都饮品屋的肖老板憎恨外地人，见记者采访套近乎急忙抬手谢客；18日中午，得尔路鞋店被小偷顺手牵羊偷走一双价值千元的皮鞋；当日夜里，卡迪尔门外一帮男女喝多了酒，要打架……尽管路灯没亮，成功中路依然灯火通明，70%的店都开着，小吃摊档生意不错，远远能看到尘土中的雾气。人们大声地说着，笑着。得尔路鞋店却出奇地静，四名女店员的脸阴着，她们还没从中午的惊恐中恢复过来。

2000年：小常庄种田人越来越少

■ 李玉霄

面对“崭新”的办公楼，村干部却是一脸为难

出河南唐河县城，三轮摩托车在312国道上突突突地往东跑，15分钟后，停在一个村庄前。司机擤了把鼻涕，用手掌一左一右蹭了两下，说：“小常庄到了。”

紧挨国道北侧，是一处破败的院落，那是两年前的小常庄墨水厂，如今早已人去厂空，留下几间熏得半黑的砖房和一根烟囱，兀自立着。烟囱后面，便是小常庄村委会的两层办公楼，有一条刚刚铺上砂子的小路通过去。

村委会已经粉饰一新。院墙和办公楼都刷上了涂料，院子里新铺了层红砖，大门口栽上了四棵松树，是从支书常金山家的苗圃里移过来的。

面对“崭新”的办公楼，村干部却是一脸为难。村会计付军杰和记者没搭上几句话就说起了钱。他说，装饰村委会办公楼是上面的要求，几天后乡里要搞一次村支部党员活动室大检查，不搞搞门面不行。这一次连买砖、涂料各种杂七杂八的东西加上工钱，花了四千多元，村里没有一分钱，只能向群众伸手要。

15日下午赶到村里的乡党委副书记范克说，12月24日全省要在唐河县召开农村基层党支部党员活动现场会，县里要求各乡做好迎接准备工作。古城乡就让紧靠国道的小常庄、坎庄、黄宅等五个村把村委办公室整理整理，以备上面检查。

在小常庄自然村二组东头的一个小百货店门口，几个老汉和村妇端着饭碗

或蹲或站，一边哧溜哧溜地吃面条一边说笑打趣。见到有记者来，他们马上和其他地方的村民一样，异口同声地说起了“提成”。由于分不清“三提五统”，可能也无法分清，小常庄的百姓就把上头收的钱统称“提成”。

一个瘦瘦的老汉放低声音，很“神秘”地告诉记者，本来今年全村每个人是要交200多块钱的，后来因为有人上访，上头拦都拦不住，就少收了50元，现在每人的平均“提成”款是170多元。

农村的规矩是午季收粮，秋季收钱，小常庄也一样。今年午季小常庄每人交售公粮260斤，折合成提成款104元（乡粮管所给开的收购价是一斤四毛钱），这样秋季每人还得再缴几十块钱。

村民对此明显不满。一个言语泼辣的村妇一个劲儿地追问记者：“你看咱村像个小康村吗？小康村还要交这么多钱吗？”

她说，现在有能耐的都想方设法不种地，能走的都走了，地扔在家里，管都不管。

小常庄是三年前“变成”小康村的，看起来，只是在数字上变成“小康村”而已。支书常金山说，全乡26个村，像这样“摇身一变”的，也不只小常庄一个，而是有一半左右。

两年前让村民们兴奋的铁路据说现在只修到县里，村里还没什么动静。

守着百货店的是个中年男人。说是百货店，其实只有烟酒油盐之类几样简单的东西，两层一米长的货架空空如也。最贵的香烟是南阳卷烟厂产的双龙牌，一块八一盒，其次是顺和牌，一块二，卖得最多的是八毛钱一盒的松牌香烟。“再好的不敢进了，卖不掉”。

小店的柜台上放着个本子，里面写满“某某欠打火机五角”之类的记录，“身上都没多少现钱，三毛钱的水果糖也要赊账”。

常在小店门口晒太阳的是常文举、常文圃几个一辈子没结成婚的老人。在豫东豫南一带的村庄里，像这样无人照料、衣着马虎的孤身老汉可以经常见到。单单小常庄一个自然村，就有常孝成、常孝德、常文举、常文圃、常文长、常文杰、常保栓、郜永相、杨随顺九位。他们年龄都在60岁以上，40年前，河南省以及全国都在大浮夸、大跃进的时候，他们正是二十来岁。

在冬日的午后，说起这样的往事，这些平日里经常被泼辣的妇女们取笑的老汉脸色一下暗了下来，连声说“别提了，别提了”，头扭向一边。

又是一次寒来暑往，小常庄没什么大的变化。

两年前就要修的南京至西安的铁路现在还没见到，常金山说，唐河县西边已经动工了，可能明年三月小常庄后面的农田就要变成工地，不过，那和小常庄关系不大，占用的多是外村的农田。

几乎每年都要遇上的天灾今年照样没能躲过。去年是百年不遇的大旱，刚入伏就开始旱，旱了116天才下雨。今年是百年不遇的涝灾，又是刚入伏，老天爷就开始不停地下雨。地刚犁好，还没下种，水都淹了进去。

唯一的变化似乎是在县里和乡里的鼓动下，小常庄的村民们要开始种辣椒了。

村民说，每年都要调整什么农村产业结构，前两年是梨树，去年是黄牛和双孢菇，今年又改辣椒了。

范克书记说，种辣椒不是一个古城乡的事情。全县今年总体规划是以312国道为界，国道南边是辣椒，北边是烟叶。小常庄所在的古城乡规划是种植辣椒两万亩，小常庄今年就预先留了地准备开春种，村外那些空闲的白茬地就是。

范书记介绍，乡镇干部都到外面考察过了，湖北、湖南、重庆、四川那些爱吃辣椒的地方是集散地，当地种的并不多。外销的市场还是有的，况且就在相邻的源潭镇井楼村已经有了一个很有名气的辣椒市场。种子也不成问题，引进的全是优良品种“贵州王”和日本的“三樱椒”，两万亩的辣椒种子乡里已经买到手了。技术问题也不大，本来就不复杂，乡里早在四年前就成立辣椒办公室了，到时候可以指导。

看起来，要不了几天，春节一过，小常庄的老乡们要跟辣椒打上交道了。

县里乡里的动机是好的，种一些经济作物总比种粮食要赚钱；小常庄的地也够用，人均一亩半至两亩，腾出一部分责任田种别的群众也不会反对。

问题是前有梨树、双孢菇之鉴，今年辣椒的大面积推广总让人不踏实。

几年前也有近八十户村民听话，栽上了梨树，但保留至今能成为梨园并且管理好、产量高的只有常金生和村支书常金山两家。

四十多岁的常金生是小常庄有名的聪明人，常金山对他的评价是“他对地有研究”，他家不仅梨树长得好，其他庄稼也比别人强。他经常花一块钱坐中巴去县科委，“有事没事跟人家说一说，人家也不保守，教你这样那样的，对你还客客气气的”。所以常金生老说，“种地的不相信科学是憨蛋。”

今年常金生家的一亩半梨园刚进入盛果期，收了四五千斤，就在国道边上卖了两千多块。

常金山家的梨园长势比常金生的还要好，只是没进入盛果期，收入少点。

但他们都是手里不缺现钱、家庭负担不重、不用出去打工、可以常年在家精心伺候梨树的那一类村民，而且，两人都有一定文化，头脑灵活。

这样的条件，可不是每个村民都具备的，更多的村民是急需现钱、必须出去打工、没有时间在家伺候那百十棵梨树的人。所以，不少梨园已不复存在，另一些梨园则无人过问，果枝疯长。

这种在全体村民中普遍“调整产业结构”的结果却是少数人“调整”成功的情形，通过去年的双孢菇，又在小常庄重演一回。

现在村里以双孢菇为财源的只有惠洼自然村的惠喜林一人。在经营好原来的四个菇棚之后，惠喜林又拿出 2000 元以一个棚子 80 多元的价格买下古城乡双孢菇示范基地的 24 个菇棚。因为已经掌握了培育技术，惠喜林对前景充满希望，准备开春把这 24 个菇棚改成 12 个，那样产量会更高。

可是当初更多的种菇人现在已经洗手不干了。原因是去年春节前此地高湿低温，不利于菇菌发育，产量低；另外价钱也一跌再跌，开始卖到三块多，后来是一块六，很多人赔不起；还有，这东西和梨树一样，费心费时。

所以表面上看无非是换个品种，还是一样种地，但实际上附加的条件并不少，难怪小常庄的老乡秋季还是爱种芝麻、黄豆、红薯这几样杂粮。

常金生说，现在像他这样喜欢种地的人越来越少了，特别是年轻人，十个小青年有九个半不愿意种地，他们更想到城市里打工。

记者在小常庄两天时间，没有看到一个本村的年轻人，村子里无非是老树一样在一个角落一站（也有蹲着的）就是半天的老人，满村乱跑闹得鸡飞狗跳的顽童，以及做好了饭张罗孩子吃饭的妇女。

年轻人去的地方以广东最多，其次是上海、江苏和北京。全村有 50 多个女孩子在广东的玩具厂、电子元件厂、服装厂做活，一年只有春节时才回来一趟。

村里刚刚搞完人口普查，全村文盲 103 人，上过扫盲班的 41 人，小学文化 825 人，初中 898 人，高中和中专 62 人。

外出打工的大多是初中以上文化的这部分人。

常金山说，另外那些拖家带口的壮劳力很少出远门，大都就地找活干，因为小常庄挨着县城，零活不难找，而且现在四个自然村已经各有特点。

杨朱自然村的村民大多在县城里给人盖房子，天天早出晚归，两头不见人。杨户村村民则是在县城搞搬运。县城里几个粮库和面粉厂的粮袋子、面袋子都是杨户人扛的。追根溯源是当年有个杨户人在县粮食局当领导，一批一批地都把老家人带过去了。至于小常庄自然村，壮劳力大多会做水泥预制板，县城以东七八个预制板厂的工人师傅都是小常庄人。

四个村庄里属惠洼人最有钱，生活标准最高，楼房也最多，因为惠洼人做的是贩卖废旧钢铁的生意。

村民说，二十多年前，惠洼人到洛阳捡破烂，发了财，后来捡当地最多的破烂废钢铁，更是发了财，这时已经去了三十多户人家。他们在当地做生意，赚钱在老家盖楼房。在这个村庄，百万元户不算大户，楼房更不是最大家产，洛阳那边的门市才是真正的家底。去年唐河县玛钢厂拍卖，一个名叫吴忠坡的惠洼人知道了消息，一下带回来十个老乡，一人拿出一万多元，凑成 17 万元，硬是把玛钢厂给买下了。买下之后就出手，拆了机器卖废铁，一个来回赚了 11 万元。

说起这件事，村民们包括支书常金山，至今仍是津津乐道。

这儿与那儿

「有可以不说的真话，决不说假话」岭南老报人的一句话，就一张报纸拿来实践了25年。话没有什么稀奇，小学阶段就在灌输；类似的话，康德早说过；意思没有什么稀奇，修辞没有什么稀奇，比起「知其不可而为之」、「先天下之忧而忧，后天下之乐而乐」显得朴素。然而，以之为圭臬，却成就了一张报纸的气象。有人说，是特殊的时代成就了说真话的《南方周末》，此话可能只说对了一半。《南方周末》确要感谢这个奇迹般的时代提供的丰富机会。从民国时期的「厚黑学」到当代的「潜规则」，学者都在阐述对历史的理解，说真话需要足够的勇气。今天，更显真话的珍贵。真正成就《南方周末》的是一份朴素的信念：相信未来，并着手创造未来；珍视真善美，并着手护持真善美。真正成就《南方周末》的是一种咄咄的坚持，扎根中国，深入人民；放眼世界，纯粹新闻。这是理想主义者的执着，其中并没有多少创造，这样的理想主义，不过是中国千年不易的知识分子情怀与操守；这样的理想主义，不过是启蒙时代以来，人类的优秀分子共同的价值与行为取向。但就是秉承这样的理想，使《南方周末》从「服务改革，激浊扬清」到「让无力者有力，让悲观者前行」，从「深入成就深度」、「记录时代进程」到「在这里，读懂中国」，25年一路走来，几代报人，薪火相传。成功时有泪水，风雨中常微笑。由此，在《南方周末》创刊25周年时，我们出版这套丛书，并不是觉得《南方周末》做了什么惊天动地的事，并不是《南方周末》有树碑立传的需要。我们只是想通过结集的形式，持续地告诉爱她或恨她的人们，如她那样坚持，在任何时代，都能有这样的成绩；持续地告诉爱她或恨她的人们，不要怀疑历史终将进步，赤诚的新闻人只需着力于本分。

第肆年

2001年：白鹿镇上书院依然破败

■ 曾 民

白鹿有了第二条街

一进小镇，河边一排崭新的小洋楼映入眼底，白鹿人说，这是白鹿新街，从此，白鹿镇有了第二条街，虽然它还没有完全修好。

它长500米，宽12米，水泥地已打好，两边的土地也平整好，在路的一头，20间连成一排的小洋楼已矗立街边，后面是一个正在建设的综合市场，楼已成型，还没有装修，工人们正在上上下下忙着。

这是白鹿几十年来最大的工程，投资570万元，因此常有附近村民前来观看。

苏崇能依然在老街的十字路口开煮品店，不过店面已翻修一新，整洁干净多了，面条还是1.5元一碗，稀饭也是0.2元一碗，因此生意比去年好了许多。

一年的时光并没有在镇邮政所唯一的员工易延容的脸上留下任何痕迹，这个开朗大方的姑娘经常在街上走来走去，叫她一个人在邮政所孤零零地待着，对这个年龄的姑娘来说过于残忍，她去找别人聊天、看别人打麻将并不妨碍工作，因为白鹿实在太小，只要站在门口叫一声，她就会笑眯眯地跑过来把你的事办了，然后再去观战。

26岁的她笑着说她还没有意中人，主要是没有找到“对的”，从她的眼神中看得出她并不为此事着急，像她这样的姑娘，在小镇上总是能吸引住很多小伙的目光。

她的头发染过，有点黄中带红，这与她的风衣很相称。

虽然已是年底，但报刊的征订数还没有统计出来，因为今年党报党刊的征订工作是“帽子工程”，由乡里统一进行，她只负责开票、收发。

随着电话在白鹿一年比一年普及，进出白鹿的信也越来越少，一个月寄出去的信就几十封。业务上对她最大的压力就是卖圣诞卡、贺年卡，一年她有十套的任务，目前只卖出去一套。她说，这里的学生娃娃穷，没钱买。

地里干活带电话

上环山的黄连今年的价格短暂跌了一锻时间后一路飙升，12 月已到了 80 元一斤，连续两年的好价格让不少白鹿人心直痒痒，看到山上的人发了大财，镇里的人坐不住了，他们不少人筹集资金到山上搞起了黄连开发。

新上任的乡党委副书记邹德顺说，种黄连的大户一年收入就是几十万元，常年请着五六个小工，有的甚至到外乡去租地种，规模越来越大。

在山上，手机信号不通，聪明的村民用起了子母机，到地里干活带上子机，就相当于带上了全球通，随时可和外面保持联系。信息对村民来说就意味着金钱，因此电话的安装率在白鹿是很高的，全乡 2800 户人家，有 1200 户村民安了电话。

餐饮是白鹿镇竞争最激烈的一个行当，利胜刚的大众饭店是目前白鹿生意最好的。利胜刚总结自己的经验说：“我这儿嘛口味好，价钱又便宜，你说是不是？”

他饭馆的菜确实便宜，饭任客人吃，一个清炖肘子、一盘炒菜、一碟咸菜足够两个人美美吃一顿，一算账，15 元。白鹿人对自己的猪肉很自豪，只要你是外地人，他都会对你说：“我们这儿的猪安逸得很！粗粮养的，不喂饲料，外面根本吃不着！”

龙门山国家地质公园批下来了

今年 4 月 16 日，龙门山国家地质公园终于批下来了，这意味着白鹿将有一个美好的未来，几乎所有白鹿人都知道市里对龙门山的开发已作了规划，总投资3.5亿元。

通往山上的路还没有完全修好，正在铺沙石，没有大规模开发的一个原因是彭州市把龙门山的开发权从乡里收到了市里，要高起点、高规格开发，市里进行项目包装后统一对外招商。

尽管如此，今年夏天，白鹿的旅游还是火了一把，来的客人住都住不下，塘坝子的廖明全家的“农家乐”效益自然不错，一个月有4000多元的收入。

我们到廖明全家的时候，他家正在杀第三头年猪，请来的江师傅正把猪肉一条一条割下来，准备腌腊肉，放到夏天供客人吃。他说，客人太喜欢他们自己腌的肉了，吃了还想吃，所以，他们今年多杀了一头猪。

晚上，他们准备了两大桌丰盛的菜，一大家人围在桌边喝泡酒，吃新鲜肉，有说有笑，廖明全的儿子廖继长对记者说，塘坝子人的生活过得都不错，所以，几乎没有人外出打工，“我们这儿搞开发，别人都往我们这儿跑，我们干嘛要出去呢？”他反问记者。

他们都很热衷引资，听说记者来自广东，廖继长反复叮嘱记者一定要介绍几个大老板来塘坝子投资，他们的条件很优惠。

在镇里，游人最喜欢光顾的地方是老村子，清一色的老房子，小巷深深，古韵悠悠，宜茶，宜酒，宜独行，在古老的木板墙上，还可以看到“文革”语录。

旅游让村民开始注意村庄卫生，在村庄入口处，可看到标语：“垃圾倒入沟者，混蛋！”他们用这种骂人的方式来保持卫生。

但白鹿对所有的旅游者来说还是太脏，这个位于成都平原尽头的山镇远看去云雾缭绕，很美，可要走近它却要忍受一路的颠簸。最难以忍受的是路边的污染，一路上，密密麻麻的小石灰窑、小煤窑里飘出刺鼻的废气，几乎令人窒息。从龙门山里流出的白鹿河本应该清清澈澈，哗哗流淌，让人心情开朗的，但因为在它两岸有太多的洗煤厂，河水已被完全污染，呈污黑色，让人痛惜不已。

来到镇里，拉煤、拉石的大车经常从街上驶过，撒下不少污物，加上生活垃圾，令白鹿不“白”，让白鹿的吸引力减了不少。

白鹿最有魅力的一个地方是上书院，也就是1908年法国人修的一个教堂，但要到那儿却没有一条好路，令人游兴大减，由于缺乏管理和维修，上书院已日益破败，游人只有靠想象去重温当日的辉煌与壮美。

和中国的其他很多地方一样，为了经济的发展，白鹿镇在环境上付出了惨重的代价。

所幸的是随着龙门山的开发，环境保护已列上了议事日程，像钟点一样准时在白鹿上空响起的开山炸石声已听不见了，为保护龙门山的自然风貌，在龙门山采石已被禁止，小石灰窑、小煤窑也将被取缔。

也许，在未来几年，白鹿的天、白鹿的水、白鹿的山会干净起来，明朗起来。

2001年：成功路上博彩大流行

■ 陈　海

12月18日晨，雨中的成功路比往日冷清不少。成功中路166—168号——文墨书苑，透过雾住的玻璃橱窗，店老板肖文墨看到我，愣了愣，笑了。

书店格局未变，杂志在品种上也变化不大，多了《财经》和《商业周刊（中文版）》，每期各6本，有固定客户。肖解释说“少有人看得懂”。最抢手的依然是《读者》、《知音》和《故事会》，各60—80本，有时100本也供不应求。

尽管今年又开了两家书店，但文墨书苑每月利润仍在2万元以上。

但肖文墨笑不起来，书苑的房租比去年涨了8000元，更要命的是，他的另一项产业——“老牌牛肉火锅店”今年亏了5万元。肖想尽办法依然挽回不了颓势，“准备盘出去。”肖郁郁地说。

火锅店大门上果然贴了张红条——“转让”，年轻的老板娘蔡燕真笑得有些僵硬。

生意不景气是整个成功路餐饮业普遍的抱怨。蔡燕真认为生意下滑与“经营”和“特色”关系不大，一个主要原因是彩票在安海的盛行，很多人把大把的钱拿去博彩，分薄了“正规生意人”的蛋糕。

记者去年的记录是，在成功中路上有2家中国体育彩票销售点，无中国福利彩票点，今年二者居然在成功路上占据了12家门店。蔡燕真愤而建议记者一定要写写彩票火爆与生意不振的逻辑联系，最好“建议政府把彩票点关了”。

成功西路上自行车修理铺的颜呈迎老伯，2001年见多了愈来愈火的彩票带来的家庭悲喜剧，他努力控制着自己的孩子不去买那玩意，“那是偏财，伤身”。

颜老伯每个月还是1500块左右的收入，与去年持平。颜老伯出了名的节俭，修了十几年车，今年愣是凭着一双修自行车的手盖了新房。买地花了8万元，建房、装修花了14万元。房子在装修，不久即可以搬进去过年，“铺面不搬，新家那边的生意显然及不上成功路”。

戒了很久的烟颜伯又抽上了，马上乔迁新居，笑意总挂在脸上，烟是见人就散。

对年轻人来说，最大的改变莫过于成功中路上的“卡迪尔”迪吧关门了，它是全镇唯一的迪吧。

苦苦支撑的“体育健身中心”仍面临着窘境。见经营困难，股东之一的颜志发已退伙。健身指导徐俐春节回家后就再也没有回来，没了老师，二楼的女子形体训练室便关了。

“以纯”专卖店的高老板则认为生意不景气是大环境不行，“经济持续低迷”。直接反映到服装业上，是去年销售最好的“佐丹奴”今年销售量也大幅下滑，按店员小艺的说法是，“安海人也嫌佐丹奴贵了，七八十元一件T恤，200多元一件外套，不值”。相比去年，小艺的工资也降了几十元。

唯一让人觉得意外的是，同彩票一样，成功路上突然冒出不少茶叶销售店（或茶庄），有24家。成功中路159—161号“天福茗茶”安海分店店长小李说，一个潜在的因素是人们把茶叶当作礼品，“送钱太俗太露，送酒过时了，现在送茶是时尚”。“天福茗茶”最贵的“国之香”1900元一斤，“照样有人买”。

在成功东路已经能嗅到商战的味道。去年曾显赫一时的跨世纪百货今年冷清下来——它在与相距不足百米的华年超市的竞争中落败。华年超市则已有了一家珠三角中小型超市的规模，从日常用品到办公用具无所不容，店员自豪地称，安海人乔迁婚嫁可以不用到泉州、厦门采购了，在华年，能买到他中意的任何东西。

也许是嗅出了零售业的诱人商机，不出百米远，“华仔”等3家小型超市又于几个月前新张了。

相对而言，这几年日常生活水平变化幅度不大。同去年相比，农贸市场的菜价稳中有降：瘦肉6元5角—7元一斤，鸡蛋2元9角，冬菇3元，芹菜1

元8角，西红柿1元，胡萝卜8角，白菜6角，茄子1元8角。

华年平价超市的商品价格一定程度上代表了安海镇上居民的生活水平。皮衣在打折，价格从180元至1680元不等，安海的冬天其实一件薄薄的毛衣足够御寒，但皮衣的销售依然很好。衣裤有不少名牌———鳄鱼、BOSS、SYL、波比尼……西装款式也不少，卡路·迪龙1150元，登喜路1750元，都澎3500元，店员说“不讲价”。

“圣诞老人”早在一周前就出现在大大小小商店的玻璃橱窗里。与前几年不同的是，服装店、百货店捕捉节日商机搞促销的意识在增强，就连餐饮店、音像店也想着法儿让圣诞老人装点门面。

镇党委书记洪飞跃在记者到来一周前刚刚离任，说是调到石狮高就去了。但这一年的工作让镇上干部喜上眉梢，党政秘书洪聪晓的评语：“经济发展仍然保持较高增速，工商税收达到2.5亿元，其中恒安集团贡献了8000万元。”

但人们关心的治安问题依然没能得到有效改善，抢劫、偷盗、群殴还是常事，“110见惯不惊”。比如颜江涛的健身中心7月丢了顾客的一辆摩托车，闻讯而来的警察斥责老板：“不准再丢东西，否则让你关门。”

镇里的解释是，安海人口17.3万，外来人口5万，“尽管加大了治安管理力度，依然防不胜防”。官方的数字是，“可防性案件降低了20%”，“外来人口的犯案率占78%”。所以明年的治安重点还是放在流动人口身上，今年已从退伍军人、高考落榜生中招聘了一些治安员，加大巡逻力量，力图进行常规性整治。

全镇已有2.8万手机用户，互联网用户继续增长，已有3000多户。电信局局长林生才婉言拒绝了记者的采访，他说去年透露了数字“让上面很不高兴”，“电信竞争剧烈，数字是商业秘密，请记者理解”，林始终陪着笑。剧烈的竞争反映到成功路上的灯箱广告上，移动和联通各占半壁河山。

电信局办的全镇最大的网吧关门了，林生才的说法是“它完成了教育、示范的作用”，蓝月网吧的陈老板纠正说是“经营上出了问题”。

尽管天气有些冷，清凉的海风仍然无法让扮靓的姑娘们脱去身上的短裙。夜里，彩灯闪烁，笑语欢声，已经能闻到新年的味道了。

2001年：小常庄发生“政变”

■ 江　华

小常庄的“政变”

大雪中村庄里冷冷的，没有人影。在因为干旱没有来得及种上小麦的田野里穿过，脚下的雪咯吱咯吱地响着。柔软的土壤让人踩上去很不踏实。

记者刚到村委院子里时，付军杰就满脸笑着迎上来：“换人啦？估摸着你们该回来了。”

付军杰已经由去年的村会计变成了村支书。村委班子成员也换得差不多了。付打趣说：“政变发生在今年10月。”

按照河南唐河县古城乡政府官员及小常庄村新班子的说法，原任村主任刘中信（曾任两年村主任，在两年前记者采访时，她也曾充满希望地带领村民致富）在任时工作不力，“三提五统”交不上来，也没有带领群众致富，群众有意见，上级部门也不是太满意，于是班子在2001年10月中旬辞职了。

随后，在乡里的主持下，经过民主考评，选举年轻的吴全军任主任；同时，历任两届的村支书常金山也辞去村支书的职务，付军杰任新支书。尽管乡里做了老支书的工作，但是老支书决意不干。

10月19日，新班子上任。

刘中信离开家乡，去陪伴在武汉做生意的丈夫了。

常金山则待在家里，伺候着果园，照顾着自己有病的妻子。

“微　调”

2001年，小常庄共有11人去世，出生的孩子14个，总人口是2264人。在这一年里，把户口迁出小常庄，成为城镇居民，是这里比较殷实的家庭送给儿女的最好礼物。

一直没有得到有效实施的火葬，今年在小常庄执行得很好，火化率100%。村民说，有的地方偷偷地土葬，听说被上面发现了，罚了款不说，还得把尸首挖出来，再烧。“不遭那份罪，干脆烧了算了。”

娶妻嫁女的路数仍然没有大的改变，但是花费却比往年都高了。今年娶媳妇的人家最少也是4000元，彩电、冰箱、洗衣机是基本的配置，摩托车今年很普遍，有些富裕的还装上了空调。小常庄的村民普遍没有太富裕的，但是爱攀比和讲排场，为了让孩子满意，不让别人笑话，就借钱操办。

盼了几年的宁西铁路经过他们村子旁边的一段终于在6月开工了。尽管没有占小常庄的土地，但是有200多名村民在工地上拉沙和石头，做些小工。有门路的人就通过关系为工地拉土，一卡车土从挖土场拉到铁路上并没有多远，又不交养路费，很合算。更多的人没有这个福气，就只能干力气活。但这已经让村支书付军杰很满足：“地里没有收成，在修路上找找补，一个人一个月能拿300元的工钱，年底村民手里就活络些。”

一个明显的感觉是，今年东西便宜了，眼瞅着那么大台的彩电一个劲地落价；物价便宜了，可是小常庄人的收入也降了下来。连续的干旱，使小常庄的麦季和秋收基本绝收；小麦亩产只有两三百斤；今年的人均收入估计在1100元左右，比去年少了。秋收后小麦要下种时，就没有下过雨，有些地就没有种，就撂在那儿荒着。明年的小麦收成如何，就看老天下不下雨了。

今年小常庄农民的“提留统筹”费用加起来人均153元，比周围的一些乡要低。除了规定要上缴的项目外，还包括防疫费、换种费、道路集资费、水利费等。

由于国道穿村而过，交通便利，小常庄“比较容易”地成为各级领导经常光顾的村子。今年村子里的招待费用15000元左右。“这是比较正常的。”曾经做过村会计的付支书说。

村子里没有企业了。唯一的变化是村里今年把临近 312 国道的一块空闲地皮出租给一家做木材加工的厂子，厂子雇佣村子里的人干活，今年交给村里的费用不到 3000 元。加上提留等收入，村里今年的收入有 73000 元左右。

今年的猪肉价比去年低了。去年每斤 5 元，今年 4 元、3 元就可以买到；白菜 1 角钱一斤、萝卜 8 分钱一斤。

小常庄最好卖的是小作坊出品的散装白酒，2 元钱一斤。烟的品种很多，有 15 种，最贵的是 7 元一包的“芒果”，消费最多的是最便宜的“松”，7 毛钱一包；用来待客的是 1.7 元一包的软盒“群英会”。

电器产品在小常庄正在升级，电话今年的增长数量比去年多了。村子里已经有 200 多部电话，去年全村的电话才一百来部。去年全村仅有两三部手机，还是做生意的人拥有的，今年全村已有 20 多部，一些年轻人连传呼机也不要了。

让人感到惊讶的是，小常庄沿 312 国道一年之间耸立起一片楼房，在惠洼，二十多栋花费数万元甚至十几万元的楼房已经盖好，和背后灰土土的村庄形成鲜明的对照。

但能够这样大手脚花费的人家还是不多。由温饱向享受型过渡的人家，在小常庄有 10%。付军杰说。

“产业结构”一年一调

小常庄的村民们大部分都从电视上知道了加入“世贸”的事情。常孝有说：“人家外国的粮食比咱的便宜，光种粮食‘不沾弦’（即不行的意思）了。”

常当过兵，他说，每天他必须看中央电视台和南阳电视台的新闻，“不看的话，黑天黑地的，啥也不知道”。

村子里现在有人开始养长毛兔，一斤兔毛 40 多元，比种地要强多了。

连续几年来，小常庄的土地翻来覆去地调整着“结构”。1998 年的唐酥梨，现在仅有几户人家还在种；1999 年的双孢菇，失败了；2000 年，上面又让种辣椒，尽管遭到了软抵抗，全村种了几十亩地，可是到现在辣椒也卖不出去，原来说的价钱根本没人要，也让农民挺灰心的。

12 月 4 日，在惠洼组，有农民和新支书当真当假地吵起嘴来，几个农民抱怨上面光会搞辣椒、梨树等“大工程”，也不考虑到底“中不中”。

付军杰说，县里又要开始调整农业产业结构了，2002 年，让种烟了。村子里被分配了几百亩的任务，但是村民到时候能不能种，想不想种，现在拿不准。

抱怨和问题

整整四年来，干旱的土地把小常庄人弄得很糟心，除了交的提留款还证明着他们的农民身份外，他们花费在土地上的时间越来越少了。“划不着。”付军杰说。

小常庄人，尤其是年轻人表现出了对土地的厌恶和失望。

付书金是小常庄种地最多的庄稼汉，他的生活今年彻底地改变了。尽管几年前，他曾对本报记者描述过他的满足。

付军杰说，付书金目前可能是全村最穷的人。

在记者 1998 年来到这里的时候，付因为种植着 10 多亩土地而生活无忧，并且还在当时村子里的墨水厂上班挣钱。1999 年年底儿子突遇车祸后，付书金变得穷困潦倒。今年夏天，他的小麦几乎绝收，而秋季种的 10 多亩豆子只收了 30 斤左右，连下种子都不够；玉米收的是玉米秆，总产量才 200 多斤，小麦估计吃不到 2002 年的春天。

从付书金的脸上，看不到任何笑容和轻松。

和付书金同样对土地失望的人在小常庄有很多。没有水，只能靠天吃饭，连续的干旱和没有减少的“提留统筹”，迫使小常庄的人到处打工“找钱”，土地成为了累赘。

指望不了土地的小常庄人只好出去打工。目前外出打工的有 320 人左右。20 岁左右的占 220 人左右。宁西铁路的开工，给小常庄 200 多个农民打工的机会；加上在县城和附近南阳油田做零工的人，村子里几乎没有什么人留下来。

村民常孝有说，如果上面不赶紧给农民想些好主意，那将来真不知道这农民咋当了。

明年，明年

展望明年，新支书付军杰颇有压力。他说，小常庄原来吹成了小康，现在不踏实不行，不能吹了。原来小常庄最高曾被“分配”过1200头黄牛的任务指标，没有那么多，只好在数字上下工夫。其实村子里的牛从来也没有达到过1200头，想想啊，2000多口人的村，有1200头牛？可能吗？

现在的小常庄，黄牛顶多400头。

新村委有自己的打算：明年村委想往上跑跑弄点钱，群众再兑点，给村里打几眼机井，只要土地能浇上水，就不会年年靠天收成了。另外，想把各村之间的路修成沙石路。付军杰说，明年你们来，我保证你们不踩泥巴路了。

但修路和打井需要钱，这是新班子的新难题。付军杰说：“在农村，政策办不了的事，感情能办到。光靠压，不行。”

小常庄在这一年的时间里，一下子冒出了20多栋楼房。

这儿与那儿

「有可以不说的真话，决不说假话」，岭南老报人的一句话，被一张报纸拿来实践了25年。话没有什么稀奇，类似的话，康德早说过；意思没有什么稀奇，蒙学阶段就在灌输；修辞没有什么稀奇，比起「知其不可而为之」、「先天下之忧而忧，后天下之乐而乐」显得朴素。然而，以之为圭臬，却成就了一张报纸的气象。有人说，是特殊的时代成就了说真话的《南方周末》，此话可能只说对了一半。《南方周末》确要感谢这个奇迹般的时代提供的丰富机会。从民国时期的「厚黑学」到当代的「潜规则」，学者都在阐述对历史的理解，说真话需要足够的勇气。今天，更显真话的珍贵。真正成就《南方周末》的是一份朴素的信念：相信未来，并着手创造未来；珍视真善美，并着手护持真善美。真正成就《南方周末》的是一种咄咄的坚持，扎根中国，深入人民；放眼世界，纯粹新闻。这是理想主义者的执著。其中并没有多少创造，这样的理想主义，不过是中国千年不易的知识分子情怀与操守；这样的理想主义，不过是启蒙时代以来，人类的优秀分子共同的价值与行为取向。但就是秉承这样的理想，使《南方周末》从「服务改革，激浊扬清」到「让无力者有力，让悲观者前行」，从「深入成就深度」、「记录时代进程」到「在这里，读懂中国」，25年一路走来，几代报人，薪火相传。成功时有泪水，风雨中常微笑。由此，在《南方周末》创刊25周年时，我们出版这套丛书，并不是觉得《南方周末》做了什么惊天动地的事，并不是《南方周末》有树碑立传的需要。我们只是想通过结集的形式，持续地告诉爱她或恨她的人们，如她那样坚持，在任何时代，都能有这样的成绩，持续地告诉爱她或恨她的人们，不要怀疑历史终将进步，赤诚的新闻人只需着力于本分。

第伍年

2002年：白鹿镇关停小煤窑呼声强烈

■ 陈　海

易延容的婚姻问题今年有了眉目

进白鹿已是午后，场刚散。易延容见面就说“我来晚了，没能赶上场天的热闹”。

事实上逢单日赶场，太过频繁，白鹿的集市虽比从前规范和热闹，却少了散漫和悠闲。这话是易延容说的，两天后仔细观察，发现不无道理，人们行色匆匆，赶集似乎是在应付两天一次的约会。

第五个年头了，一切都在悄悄改变，不变的是小镇上人们的热情。

天冷，易延容蜷在电炉边取暖。然后邮车来到，一天最忙碌的时刻也就到了，小小的邮政所挤进三四个人，他们等着小易分报。通常，更多的邮件和报刊由她送到门上。12月9日，进小镇的信件是26封，邮差带走31封，维持着5年前的水平，但报刊的种类和订数却是5年前的几倍。光是回水煤矿的老板朱曦东就订了十几种读物，1000多块钱，他是除镇政府外最大的订户。

相比邮政，电信的优势越来越明显。小镇2800多户人家，今年已有1430户安了电话，手机用户逾千。互联网有5个用户，其中一个是天台村的农民，种黄连，上网了解药材市场行情。小镇到处宣传ADSL，但至今并未开通这项业务。

白鹿邮政所归邻近的新兴镇邮政支局管，所里就易延容一名职工，有人会开玩笑叫她易所长，初时她很介意，出言制止，时间长了也懒得理会了。按一位在政府做事的干部的说法，在小镇，她比镇长的知名度还高。这在与她逛老街的时候得到了印证，无数居民向她打招呼，“来屋里坐坐”。

1994年，易延容高中未毕业就顶替她的大姐进了邮政所，大姐不愿干是因为收入不高，自己开了茶馆。小易说刚开始还觉得这个活路不错，也清闲。邮电未分家时，收入尚可，现在每月不到500元，“比其他单位差多了”。一成不变的日子一晃就是8年，易延容已是大姑娘了。

让家里担心的婚姻问题今年算是有了眉目。对象是桂花镇中心小学的体育老师，玩伴介绍的。两人一见面就都笑了，因为之前朋友也给小易介绍过对象，正是眼前这位。那是两年前的事，“也算缘分吧”。

结婚？“还没有想好。”

苏崇能还在十字街口卖面条

后街，白鹿的新街迟迟不见收尾。有风的日子这里总是尘土飞扬，据说街两旁的小洋房卖得不错，但不见一户入住。零星的几个工人在楼前敲敲打打，才不至于让人感到冷清。

新街的开发商姓王，中午与镇上的书记喝了酒，坐在易延容的大姐开的茶馆里烤火聊天。有人嚷着打麻将，但“因为记者在”，没人动。

这注定是一个百无聊赖的下午，所有的茶馆都开着，所有“喝茶”的人都在打麻将，尽管天气冷，大多数人脚下也没有火，但劲头丝毫不减。

苏崇能还在十字街口卖面条，而利胜刚的“大众饭店”早已人去屋空，老苏说，生意不好做，利娃儿搞亏了，半年前就已卷铺盖走人了。老苏的日子不温不火，“小本经营，不敢做发财的梦”。所以他的面条仍然维持两年前的价，所以他的回头客特别多，他的脸上也总溢着笑。

小笋酸汤面1.5元，粉1.5元，包子5角，馒头3角，稀饭2角，人人都消费得起。

他儿子苏新江花1.6万元买了一台旧的长安面包车，跑了半年，赚不了钱，因为“跑车的实在太多了”。车停在路口，小苏还是帮着老苏卖面条，有客人包车，他撂下锅勺就走。说是父亲的老熟人，所以跑塘坝子小苏只收了我30元，去上书院收 10 元，没有票。回来问易延容，说也就这个价。至于回彭州，小苏要 80 元，镇政府门前 3 辆崭新的桑塔纳，砍到最后，70 块也跑。那天夜里，手机不停地响，车主问“什么时候走”。

面馆对面的杂货铺还是棉鞋最好卖，五年一个样。价稍涨，13–28 元不等。邻居调侃，说这是白鹿的工作鞋，“热和”，所以一进秋天，小镇的女人们都往这里跑。至于其他商品，似乎季节不对，落了厚厚一层灰。小杂货铺每月有 6000–7000 元的营业额，20%的利润。

公路到白鹿就到了尽头，是“死角”，不像下面的通济镇和新兴镇，是“过道”，所以来往客商少，生意自然打了折扣。

老板娘在柜台外与邻居打麻将，有一茬没一茬地搭我的话。家里来了客人，老板朱建军在家陪客，也是打麻将，平和一家 2 元，放炮的开 4 元。

周德顺说15个小煤窑今年要关5个

今年度假村在白鹿兴起，尽管“农家乐”的生意不景气，新的“农家乐”还是不断被催生。

6 月开张的蟠龙山庄挨着后街，它以拥有镇上唯一的游泳池招徕客人，收到奇效。相距不远的谊园茶园给“抵得没法做了”，撤了招牌，收了茶档，只暗地里拉些客人住宿，以避税。

女主人林述仙闲不住，每天清晨五点半起来扫大街，逢场下午还要扫一次，每月收入 150 元。场天她还到苏崇能的面馆里帮手，不要工钱，免费吃一餐，或者，换回几桶潲水，喂家里的三头猪。

女儿刘玉苹开小煤窑，挣了些钱，每次回家都劝母亲别忙乎了，母亲嘴里应允，却管不住手脚。

镇里要大力发展旅游业，关停小煤窑的呼声愈来愈烈，林述仙有点担心。女儿说，找了镇上管事的，可以拖上一阵。刘玉苹心里有气，“开煤窑是政府审批的，各种手续合法，现在说关就要关，我的债务怎么办？工人下岗怎么办？政策怎能三天两变呀？”

刘玉苹预言，现在白鹿很稳定，只要“关井压产”力度加大，就要出乱子。

而母亲林述仙偷偷告诉我，听到关井风声，已有债主上门索债。女儿立即打断了母亲的话。

按照镇党委副书记周德顺的说法，15 个煤窑今年要求关 5 个，已关了 2 个，有 2 个正在做工作，4 家矿山也是关的对象。压力？“不是一般的难”。工业本来就薄弱的白鹿面临前所未有的考验，镇里经过细致规划，提出“旅游强镇”的思路，大力扶持旅游业的发展。

“搞旅游？飞来峰、塘坝子连手机信号都没有，怎么能行？”电信代办员郑忠反问我。苏新江的看法相同，没有几条好路，旅游哪搞得上去？

很难判断旅游业在白鹿的前景，但新的农贸市场的启用、后街集贸一条街的开发、沿河两岸焦炭厂的关停，又不难看出镇里的决心。

困难重重，是周德顺的结语。而上书院招商未果，两年来引资进展缓慢让白鹿人不免担心“旅游强镇”的设计。

2002年：成功路上等离子电视走俏

■ 夏　英

颜呈迎把一天未住的新房租了出去

12月14日上午9点，冷清的成功西路末端突然热闹起来。新街巷口变魔术般地立起一个充气拱门，喜气洋洋的红色，上面是红纸贴着的端端正正的四个大字“颜宅婚庆”。

新郎官颜才育穿着笔挺的棕褐色西服，里面是米黄色衬衫，像所有的新郎一样，他也颇有几分紧张，不时伸手去拉扯领带。

9点半，4辆婚车——两辆帕萨特V6、两辆奥迪陆续到来，穿着黑色西服的男傧相们忙着在车头贴上心形的喜字，在车牌的位置贴上“百年好合”。

10点过一刻，一辆黑色凌志驶来，桃红色纱带、心形的红玫瑰花篮、亲密拥抱的毛毛熊把花车装点得精美喜气——与北京、上海、广州街头的婚车毫无二致，这辆漂亮花车的出现引起围观人群的一阵小小激动。

新郎的朋友郭迪龙对记者的讶异丝毫不以为然。他说，这种排场在安海本地只能算是“一般般”，真正的排场是12辆或者18辆为一组的车队，清一色的奔驰或宝马。至于充气拱门，今年安海特别流行，几乎家家结婚都要租个红色拱门来添喜气，租金大概每天100元。结婚无疑是一笔大的开支，这几年结婚的费用日涨，像今天的这场婚礼，给女家的聘金要80万人民币，加上布置新房、办酒席、烟酒各项零散花费估计要花上100万元。

不过，郭迪龙补充说，女方家并不真收这么多钱，讲的只是一个“身价”而已，通常情况下女方又都把这些钱作为陪嫁，家境好的还要双倍还礼。

在离新街巷口只有几米之遥的一家自行车修理铺里，颜呈迎老伯正坐在小竹凳上饶有兴致地看着。

颜呈迎 21 岁的大女儿快要出嫁了，这是今年家里的一件大喜事，到时候也会有这样的花车和车队。颜呈迎说，颜才育家算是大户了，当然更大户的还有，前两天镇上的恒安集团的老板嫁女儿，陪嫁了 500 万元，外加一辆宝马、一辆奔驰，这成为成功路上这两天的一个热点话题。不过，对大部分的普通人家来说，10 万元聘金已经很高了，到时候他会把这笔钱一分不留地陪嫁给女儿。

尽管不能给女儿更多陪嫁，但颜伯感到心安。因为靠着一双修自行车的手，四个孩子居然都读了高中或者中专，在成功路上是少见的，颜伯认为自己家经济条件不比其他人家好，但他坚持让孩子们读书，是给了他们“长久的饭票”的。

转过年去，在泉州供销学校读书的最小的孩子也要毕业了，一双手养六张口的日子马上就要完结，颜呈迎感到非常高兴，去年盖了新房之后重新抽上的烟就一直没戒掉。但让人惊讶的是，颜呈迎一家今年并没有搬进新房去。

五六月装修完新房后，尽管有些心疼，但到了 10 月，颜呈迎还是咬了咬牙，把一天未住过的新房子租了出去，自己和家人仍然挤在自行车铺楼上十来平方米的屋内。房租每月 1100 元，一次性先收了半年，共 6600 元。新房子要自己先住的旧观念这一两年完全被打破，今年成功路上空余的房子拿来出租已经是非常普遍的事，街坊邻里在一起常常交流租金的高低。

因为这些高兴事，颜呈迎对自行车铺收入的略有下降并不太放在心上。镇西端的安平工业区发展很快，今年来到成功路上的外地人也越来越多了，外地人的修车摊收费更便宜，分散了一些客源，但同样的也有不少外地人来他的铺子修车，每个月的收入因此还是能稳定在 1400 元左右。一两年前，记者来到成功路上，颜呈迎还需借助翻译才能与记者交谈，但现在，一天没上过学的他普通话已经说得非常溜了，这都是常与外地人交往的结果。尽管现在家庭月总收入已经有五六千元之多——这个收入水平在当地算是中上了，但是颜呈迎还是一如既往的节俭，一包三块五的牡丹烟得分两天抽，吃菜也很省，14 日中午，颜呈迎小心翼翼地往一大碗稀饭里倒入十来颗炸花生米，这就是当天的午饭。

蔡燕真改做保险，肖文墨依然经营着书店

镇上最大的照相馆鸿艺彩色冲印中心的老板吴毅辉对记者前来买镜头纸毫不奇怪，他说，只要在街上一走，不出一刻钟，包你的镜头蒙了一层灰。吴毅辉抱怨说，车子太便宜了，今年有太多的人买了小车，路太窄，空气变糟了，也不见政府管。

“老牌牛肉火锅店”在2002年终于关了门，店面被盘给了黑骑服装，对面的“龙门客栈”台湾风味清粥小菜餐馆似乎依然红火。益民电器的老板认为这是很正常的，安海气候太热，火锅的旺季没有多长时间，再说现在大家都忙，快餐最受欢迎了。街上的快餐店果然多了许多家，西式的也有，金汉堡快餐的鸡腿汉堡每个7元、辣翅一对5元、可乐2元，肯德基和麦当劳还没出现，不过街上已经有了“肯多基”。

老板肖文墨自己的慨叹是，忙了两年，算下来倒亏了有3万多元，火锅店的实际经营者——肖文墨的太太蔡燕真说，“人不可能总是失败的，这一次我不会失败了”，她说的是她现在的新奋斗领域——做保险，肖文墨的评价是“她整个人又焕发了活力”。

安海镇上的保险市场一天天火热起来，平安、人寿、太保三家竞争得十分厉害，总共有好几百名的保险营销员在镇上活动，蔡燕真供职的平安保险会在年后扩大规模，由营销区升格为支公司。加入这行6个多月，蔡燕真总共做了近三十单，寿险和产险都做。但是这行毕竟是难做的，她抱怨说有人给回扣，搞恶性竞争，有好几个单子被人抢了去，另外香港那边也有不少人过来卖保单，很多有钱人都更乐意买，而镇上的人显然保险意识还不够，要费很多口舌才签得下一个单，许多人只肯给孩子买保险，却没想到要是大人出了事情，哪还谈得上对小孩的保障?

不过总的来说，蔡燕真还是看好将来。8月间，她花了120元听了平安保险金牌营销员蹇宏的演讲，大受鼓舞，她说：“人家那么苦都能做出来，有可能我将来也发展成蹇宏那样，也说不一定。”

肖文墨自己依然在经营着文墨书苑。今年文墨书苑斜对面新开了一家瀚文书店，是石狮那边发展过来的连锁店，一样放着淡淡的音乐，一样显得雅致

而有“格调”，这使肖文墨感受到某种潜在的压力。14日傍晚，文墨书苑有三四十个顾客，对面只有十个不到。但是肖文墨并不敢小觑对手。

书店的格局大体未变，只新添了个“李阳疯狂英语专柜”。杂志的品种猛增到200多种，《读者》依然最畅销，每期销量从去年的六七十本一下子跃升到今年的200来本，肖文墨说，今年成功路上买彩票的人大为减少，人们不掏2元钱去买彩票，而是掏3元钱来买《读者》，所以销量一下子上去了。《时尚先生》、《时尚伊人》、《瑞丽》成为新的利润增长点，这些售价20元左右的豪华杂志每期都能卖出数十本，获利可观。财经类杂志依然不吃香，只有几个固定客户，碰上封面故事不精彩的时候就要滞销。励志类、成功类书籍则受到欢迎，年初的《谁动了我的奶酪》很是火了一把。肖文墨的说法是：“现在竞争压力大，大家又都想着发财。”

成功路上的商店越开越晚

今年成功路上独领风骚的是手机店，一下子冒出16家，“华天通讯”老板周少蓉说，一个月能卖出100多部呢。去年兴盛的彩票店今年大势已去，周少蓉的说法是，大家买彩票买得心都凉了，好几家彩票铺子因此倒闭。她自己这个铺子的前主人就是卖福利彩票的，今年搬到租金便宜的海八路上去了。不过彩票店的老板们坚决反对这种说法，他们认为是六合彩、私彩的盛行弄黄了他们的生意，一位老板愤愤然地说：“安海至少有80%的家庭在买六合彩！”

益民电器商场的老板陈永平开玩笑说，今年成功路上变化最大的该属他的商场，商场面积从60多平方米猛增到600多平方米。

安海百姓的消费已经发生了很大变化，现在彩电要数进口品牌松下、索尼最好卖，海尔、海信、厦华是第二梯队的选择，43英寸的背投“卖疯了”，接近年关，准备结婚的人一台一台把背投搬出大门，尽是索尼、松下。今年的一个明显变化是，商场里新辟出多个视听区，步步高、CAV、麦奇、巨大、雅顿等十来个牌子的家庭影院，价格从2000多元到18000多元都有，安海青年结婚这是必备的电器。店里的显眼位置摆了一台松下等离子电视，售价4.1万元，陈永平爽快地说，好几个月没人买，每个月净亏好几百块钱，但是这是个“形象”。

店里各种电器都有，冰箱、空调、微波炉、洗碗机摆得满满当当的，数码相机、摄像机也有，都是索尼牌的。

但并不是人人都像陈老板这么春风得意，进入第三个年头，“全民体育健身中心”终于濒临绝境。尽管会员价再度从80元调至60元，12月15日晚8点，300多平方米的健身房只有一个人在健身。三个合伙人中的最后一个颜江涛用“要悬梁了”来形容眼下的境地，他说最迟年底要做个了断，因为每个月要赔进1000多块钱。

有意思的是在成功路的另一端，一家叫做“名力”的健身中心于11月隆重开张。

大大小小的商店都让圣诞老人在橱窗上笑着，喷枪绘出无数的雪花和“Merry Christmas”。商店越开越晚，“三好兄弟”百货老板汪伟跃说，商店普遍要开到晚上10点，而高档百货商店都要开到半夜12点，这种景象去年是没有的。

它们还不是最晚关门的店家。成功中路143号杂货铺要一直营业到凌晨4点。去年在成功路上才探了个头的“串串香”，今年突然大行其道，下午五点半开始，成功中路沿街三五步一个间隔排开许多串串香摊档，每串2毛钱，生意非常红火，要一直持续到凌晨4点，这为附近的杂货铺带来不少烟酒生意。

最热闹的是“诗程串串香”，晚上11点半，红色帐篷里的十几张小方桌座无虚席，火锅上方水汽蒸腾，“五魁首，八匹马”的划拳声在清冷的夜风中传出去很远。

这个时候，位于镇东面的“未来世界”迪吧正渐入高潮。迪吧依附于晋江市唯一的四星级酒店华达酒店，现代豪华，吸引了许多成功路上的时尚男女。钢管舞表演的热浪一阵高过一阵，衣着暴露的女郎与钢管的每一次热切接触都引致台下无数观众的疯狂呐喊。

2002年：小常庄理发实行“会员制”

■ 刘向晖

吴全军回乡干起了村主任的老本行

“小常庄到了，7.5公里，15块。”李师傅停车看了下里程表说。今年10月，一个浙江老板在唐河县开了第一个出租车公司，从此，16辆淡绿色二手“桑塔纳”就在城内和城乡之间穿梭。宁（南京）西（西安）铁路唐河段10月已经完成铺轨，但要明年“六一”才能正式通车，公路运输在当地仍是最主要的交通方式。

跨过小常庄村委会大院的铁门，院墙黑板上的政务公开栏赫然在目。村里的基本情况、农民负担、计划生育情况等数据清晰可见，唯独村财务收支数字被人抹掉了。村文书兼会计李冬祥说是院内的“育红班”（学前班）小孩胡闹擦掉的。问为什么不擦别的数据，李冬祥缩缩脖子，双手连搓，只是憨憨地笑。

村委会隔壁的常庄小学的一位老师说，育红班的小孩哪够得着那么高，还不是你们报纸去年说村里一年的招待费用就花了一万五千元，上面不高兴。年底你们又要来了，赶快擦掉免得难堪。

李冬祥16日要到县里参加农村基层会计培训，主要是培训农村税费改革和政务公开等内容。今年5月村里正式实施税费改革，农民的上缴任务只剩下农业税及附加税。政务公开栏中“三提五统”相应被“农业税”所代替。三天培训的吃、住、资料等费用让李冬祥犯了愁。“村里没钱，不知道什么时候能报销。”村主任吴全军闻讯赶来见记者，李冬祥便商量说，每天中午在县城吃一顿，晚上还是骑自行车回家睡，能省就省。临走时，李冬祥向吴全军借了

300元钱。

吴全军去年10月接替刘中信的职位，“不情愿”地干起了村主任这个老本行，今年4月6日被村民正式选为村主任。1997年到1998年，吴全军就是小常庄村主任。“村里穷，当干部也没钱，看着家里的光景越来越不行了，为了养家糊口，就辞职去做生意。”辞职后，吴全军在唐河县城开过饭店，在洛阳做过钢材生意。“没赚到大钱，但总比待在村里强。现在做村主任，一个月才150块，还不如出去打零工，一天好歹还能挣个二三十元。”

刘中信去年辞职后，乡里看中了吴全军这位“见过世面脑子活又当过主任”的年轻人。吴全军有点不情愿，最后还是答应了。“想回来替乡亲们做点实事，再说家里还有老婆孩子。”

常进春说什么赚钱就种什么

“邻近的几个村今年种烟叶，结果天老下雨，烟叶烤不好，又赔了。”付军杰很庆幸今年村里没有跟风种烟叶。“县里今年的口号变了，是要各地根据自然条件，适合种啥就种啥。”

10月，小常庄重新调整土地，拿出420亩地实行退耕还林发展养殖业。“种庄稼不挣钱，好多外出打工做生意的将地也撂荒了，前年有100多亩，去年有60多亩。别人也不愿种，以前这些地的‘三提五统’很难收上来。今年调整土地将荒地集中承包，一亩地80元，除了抵农业税，就是村里的收入。”傅君杰自己也承包了11亩地种雪松、塔柏。他认为这是两全之策，不仅补上了农业税，还能发展地方经济。

今年动作最大的是常进春，私人投了20万元建黄牛养殖场，明年还准备搞股份制养牛。除了搞养殖场，他还承包了110亩地种牧草和经济林。

常进春的春海黄牛养殖场紧靠312国道。12月16日，常进春正忙着指挥人在养殖场围墙上刷标语。大门右侧的围墙上已用红漆刷好了“养一处畜，富一方民”。左侧墙上是“栽一片树，套一地草”。

45岁的常进春早些年在广州深圳打了四年工，回家后继续做生意，赚了十几万元。“南方的牛都从北方拉，我们南阳的黄牛又特别出名，几年前我就想养牛肯定挣钱，可是一直没找到合适的机会。”常进春准备明年再投入30万元，其余的找人入股搞股份制，将养殖场的规模扩大到500头黄牛，“到时赚多少钱按股分红。”

今年，常进春种了10亩2万株塔柏。“肯定能赚！和丹江口南水北调工程签了购销合同，三年后提供人工河绿化树。现在每株苗5毛钱，到时每株能卖到20块。”在另外的地里，常进春雇人挖了70亩的树坑，准备种速生杨，成材后卖给地方造纸厂。在塔柏和速生杨地里，他还套种了50亩的紫花、苜蓿等牧草。“到时用这些草喂牛，饲料钱又省下来了。”至于剩下的地，常进春暂时还没想好种什么，“反正什么赚钱就种什么。”

古城乡党委副书记吕岩峰说，在村里的富裕人群中，除了外出做生意的，就数常进春这些头脑灵活搞养殖业种经济林的了。以前靠行政命令种这养那逼人富，往往费力不讨好，老百姓赚不到钱有时还骂娘。“现在好了，什么赚钱，你爱种啥就种啥。”

“李主席”剃头实行“会员制”

村内依旧到处鸡飞狗跳，鸭鹅乱跑，拴住腿的猪在屋旁拱泥觅食。48岁的单身汉惠玉庆披着军大衣在村旁树林放羊，呆呆地盯着人走过，双腿夹着的牧羊竹鞭掉到地上也不知道。付军杰说，惠玉庆生下来就有点呆傻，家里兄弟姐妹7人，他至今都没娶上媳妇。在小常庄，像惠玉庆这样40岁以上的老光棍仍有30多个。平时，他们家一般都养了几只羊，换点油盐钱，日子就这样一年一年地过着，“看来他们一辈子光棍是打定了。”

“4年了，连房门、窗户都没安上。现在是要啥也没啥。院子脏了没钱买砖铺，撒点沙子对付着。”傅庄的傅书金说自己的家境一直在走下坡路。1999年冬，大儿子出了车祸，成了植物人躺在床上，儿媳妇也改嫁了。家里现在9口人，十几亩地，挣的钱都扔进了药罐子。“有次抓药少5毛钱，医院都不肯，当时就哭了一场。”傅书金说起这件事仍唏嘘抹泪。

“现在也没啥想法，只想能从政府借些无息贷款，养几头牛什么的发展自救，赚点钱治好儿子的病。我儿子年轻体格好，要不是体格好，人早就不行了。”

说起贷款，傅书金再次唏嘘抹泪，“越穷越贷不到款，越富贷的款越多。现在两手空空，啥也养不成。”

17日下午，在村里偶遇农村理发师“李主席”——咎岗人李书多。李30多岁，整天挑着理发担子走村串户，人熟了，当地人便称他“李主席”。“李主席”理发实行“会员制”：16元包一年，一个月定期上门服务两次。他的生意还不错，在唐河的几个乡镇中有200多“会员”，光小常庄就有30多个。

“李主席”每月都要来小常庄两次，找一个避风角落，拾两块木头架锅烧水，支起搪瓷掉尽的脸盆，水里放点洗衣粉，就可以理发了。正埋首洗头的魏长亭说，找“李主席”理发的多是他们这样年龄四五十岁以上的，因为他们不像年轻人嫌寒碜。

问及小常庄今年的变化，“李主席”摁住魏长亭的头，在耳后找块未刮的地方，边下刀边说：“要说啥变化？再过三五年，我手里这把剃刀都不会下岗，不信？到时你再来看看。”

这儿与那儿

「有可以不说的真话，决不说假话。」岭南老报人的一句话，被一张报纸拿来实践了25年。话没有什么稀奇，类似的话，康德早说过；意思没有什么稀奇，蒙学阶段就在灌输；修辞没有什么稀奇，比起「知其不可而为之」「先天下之忧而忧，后天下之乐而乐」显得朴素。然而，以之为圭臬，却成就了一张报纸的气象。有人说，是特殊的时代成就了说真话的《南方周末》，此话可能只说对了一半。《南方周末》确要感谢这个奇迹般的时代提供的丰富机会。从民国时期的「厚黑学」到当代的「潜规则」，学者都在阐述对历史的理解，说真话需要足够的勇气。今天，更显真话的珍贵。真正成就《南方周末》的是一份朴素的信念：相信未来，并着手创造未来；珍视真善美，并着手护持真善美。真正成就《南方周末》的是一种啮啮的坚持：扎根中国，深入人民；放眼世界，纯粹新闻。这是理想主义者的执着。其中并没有多少创造，这样的理想主义，不过是中国千年不易的知识分子情怀与操守；这样的理想主义，不过是启蒙时代以来，人类的优秀分子共同的价值与行为取向。但就是秉承这样的理想，使《南方周末》从「服务改革，激浊扬清」到「让无力者有力，让悲观者前行」，从「深入成就深度」、「记录时代进程」到「在这里，读懂中国」，25年一路走来，几代报人，薪火相传。成功时有泪水，风雨中常微笑。由此，在《南方周末》创刊25周年时，我们出版这套丛书，并不是觉得《南方周末》做了什么惊天动地的事，并不是《南方周末》有树碑立传的需要。我们只是想通过结集的形式，持续地告诉爱她或恨她的人们，如她那样坚持，在任何时代，都能有这样的成绩；持续地告诉爱她或恨她的人们，不要怀疑历史终将进步，乐观的新闻人只需着力于本分。

第陆年

2003年：白鹿镇种黄连发大财

■ 朱强　王景春

12月15日，星期一，上午10点30分，白鹿镇逢单赶场的日子。正是人多车挤的时候，却不嘈杂，唯一的一条主街道两旁驻扎了很多卖菜的小贩，摊主也不吆喝，只抄了两只手在胸前，气定神闲地望着路过的行人。肉档很多，都是猪肉，用黑色的铁钩挂了，一块块大小不一地晾在木架上。

5年前，白鹿镇的猪肉绝少注水，现在不同了，据镇政府食堂的厨师说，那些肉档里只有两家是正宗的，"其他的你可别买！"

苏崇能仍然在镇中心十字街头卖面条，价格依然是1.5元一碗。对面杂货铺卖的棉鞋前几年价格基本稳定在13-28元一双，今年略降，稍好一点的只卖12元。

易延容的邮政代办点原本紧靠着镇信用社，可如今那里已经挂上了"宏大影碟图书行"的招牌。

寻了半天找不到她，便拉住一个人问，他扭头一指，只见一个女子怀里抱着一封EMS特快，不紧不慢地从镇政府门口踱下来，正是易延容。

往年的红色风衣换成了墨绿色，脸颊还是丰满，挂着常见的微笑，头发盘了一个髻，下身穿了一条灰白相间的花格子直筒裤。

易延容的邮政代办点今年搬家了，搬到了镇政府院内的一间小房子里，只有一张陈旧的办公桌，一个书柜，看起来也年代久远。

镇党委副书记周德顺解释说，原邮政代办点的房子产权归镇政府，邮政新兴镇支局在白鹿设的这个代办点属于有偿使用，但多年来没有交过房租，因此镇政府今年就把房子出租给了镇上的个体户。但邮政支局的官员还是不愿意另租场地，“他们说，如果镇上不解决，就把这个点停了”，镇政府对此也无可奈何，只好弄了这间房子。

易延容显然对新办公室不太满意，“破破烂烂的，没有原来的体面。”

今年中央大力整顿报刊市场，坚决制止报纸乱摊派，易延容的“任务”相对于往年减轻了不少，目前上级有明确征定要求的报刊有四份，分别是《人民日报》(15份)、《求是》杂志(3份)、《四川日报》(27份)和《四川农民日报》(34份)，由于有镇政府的协助，很快就完成了。支局给她的个人征订指标是:《参考消息》(8份)，《半月谈公开版》(1份)、《健康文摘》(2份)，也基本完成，可这些报刊的征订费用算下来也有近一万元。

此外，她还要负责销售20份贺年卡（每份1.2元）。

每年岁末，是易延容最忙的时候，到了12月下旬，也已接近尾声了。

黄昏，成都也是白鹿镇每年冬季最为常见的天气，多雾而阴冷。

易延容坐在二嫂开的理发店里和几个邻居围在火炉边取暖，一个中年女人说，自从去年易学了美容后，她的穿着明显“提升了一个档次”。

她笑着不说话。问起婚事，她也是笑而不答。

后街的房屋街道还是那样干净，几乎没有什么变化，那些早已无人居住的木制阁楼外墙上涂写的毛主席语录清晰可见。

新街上则矗立起一座座崭新漂亮的住宅楼，小易说，那都是在山里种黄连发了财的农民花钱盖的。

可以入药的黄连是白鹿的特产，多年以来每斤的价格始终维持在60–120元，今年的价格是60元。周德顺说，一般黄连每亩产量为300斤，每亩的收益在1.8万元左右，山上的村民每家种十几亩的很多，辛苦一年，收入二三十万元是很正常的事情。

因此，白鹿镇的百姓其实并不贫困，在山里种黄连的人家甚至比镇上做生意的个体户还富裕。今年全镇农民人均收入为3445元，在成都市排第一位。

“一方水土养一方人，”周德顺说，如今镇上的青壮年人很少去外地打工，“如果他们下点力气在山里种黄连，挣的钱只多不少。”

龙门山国家地质公园项目开发已经正式启动，而且成为彭州市对外招商引资的重点项目之一，在靠近塘坝子的山下则建起了“龙门山森林公园景区管理处”，镇政府做“旅游强镇”的规划也未改变，但对白鹿镇而言，一切还只是美好蓝图的开始。

龙门山国家地质公园项目的启动使一些嗅觉灵敏的商人找到了机会，虽然金桥度假村因为修路而暂时停业，但老街对面的山上又一家度假村正在加紧施工，准备明年5月开业——每年6—10月是外来游客到龙门山度假避暑的旺季，据说金桥的生意今年夏天相当不错，白鹿镇的旅游经济已经开始萌芽了。

白鹿书院的修复计划似乎遥遥无期，依然荒草萋萋，一派萧条。

夜宿谊园，镇上丁大爷开的一间农家旅舍，在他家烤火取暖的一个邻居仍把白鹿书院叫作上书院，“不修太可惜了，那可是八国联军对咱中国进行文化侵略的地方啊！”

深夜，万籁俱寂。

不时有运煤车轰鸣而过，易延容应该已经熟睡了吧，明天上午，她还要推销剩下的那十几份贺年卡。

2003 年：台湾美语学校开到成功路

■ 黄　端

"Good morning，la la la…Good morning，yeah yeah yeah…" 6 岁的高慧敏戴着耳机，坐在电脑前，一边摇着头，一边随着电脑里的卡通英语歌谣唱了起来。

12 月 27 日上午，还没到 9 点，高慧敏就吵着说，"妈妈快做饭，我要到学校去。"她说的，是来自台湾的乔登美语学校，圣诞节那天刚刚在成功东路与恒安路交界处的金珑商厦二楼开张，对面是仍然显得很新的安海镇政府。"这是我们在福建地区开的第九家分校。"由福州总部指派过来的陈秋红说，乔登开办才两天，就有 30 多名小朋友前来报名。

在台湾做了 22 年英语培训的乔登，有着强大的多媒体网络以及出版体系作支撑，自去年年底由福州开始进入大陆后，已经在全国开了很多家加盟分校，主要是做 3–13 岁少儿英语培训，强调趣味性，倡导情境教学。经过周密的市场调查，他们在泉州地区首选在泉州市，以及在文化传承最深的安海镇开办两家学校，新年后石狮也会再开一家。

乔登边上，一楼的蒂雅画廊门口停着一辆货车，穿着西装的 26 岁的老板林少府正在和工人往店里搬画框。他和父亲还有大哥，之前在厦门做了 8 年的油画外贸，2000 年在成功东路以及人流更多的成功中路开了两家店，卖装饰画，搞高档装修。林少府说今年生意比前两年都要好。他们也向边上新开的"鸿艺婚纱摄影城"提供相框，这家摄影城是西头的鸿艺彩印今年开办的，据说生意还不错。

在成功中路 166—168 号的"文墨书苑"里，时尚杂志中添多了一本《名牌》，汽车类杂志也明显增多，达十几种，并且每一种都能走上两三本。前不久，老板肖文墨还在离安海10分钟车程的水头镇开了一家分店，面积比总店还大十多平米。

成功中路电影院边上，都是宵夜摊，32岁的林连登开了6年的面线糊档口，生意在25日深夜12点一直火到了次日凌晨快4点。上个月他刚刚花了1000块钱买来了合金骨架的太阳篷，用了好几年的太阳伞就被折叠起来放到了店子里。这两天风大，26日晚8点，他不得不分外留心脚架的固定。

大门紧闭的电影院已有一定年头，用得也少了，只在有大片或者歌舞晚会的时候才有人前来观看。边上的安海公园正在整修，据说在以前捐建华侨的反对下，转包给私人的想法最终没有实施。

这两天电视里提到了最近发生在台湾还有广州的非典，白天休息晚上工作的林连登说，上半年感觉不到特别，因为老顾客还是一样出来吃面线糊。倒是在鸿江西路做燃具批发的金丰燃具经营部老板蔡成义、王玲凤夫妇，他们上半年的消毒碗柜都卖断了货。

王玲凤说公开谈论六合彩的现象少了，因为经常会听说有谁谁被捉了，政府抓得也严。茶叶店还是有增无减，包括新延展过去的成功东路，也开了几家新店。在林连登档口对面的新鸿盛手机专卖店，两位老板最初请了一位小伙子，很快那位聪明而用心的小伙子就对生意了然于心，辞职自己干，现在已经开了三家店。

蓝天票务在成功路上已经开了14年，7年前随着成功路东扩，老板翁银矿与王和平将店面由现在的成功西路，迁到了8年前还是农田、今天已经成为中心旺地的成功中路3号楼。他们主要做航空票务，也卖火车票汽车票。

翁银矿说，安海人这些年的走向基本是广州、深圳、上海，另外就是“南海进香团”。泉州每天都会有一两班飞机飞舟山，基本上都是去普陀拜佛的人。晋江人很信这个，王玲凤说安海人至少每年都会去一两次。跟团的话，一次都要花上一千五六。

安海与外界对接得很快，名校养正中学刚刚请来“神舟五号”航天系统总设计师之一的魏金河院士过来讲学。十多天前，晋江搞了一次慈善捐献会，安海许多企业家都参加了，据说最后，100多人捐了1亿多元。

2003年：火车终于通到小常庄

■ 王轶庶

下午的阳光照在崭新的铁轨上，路基清洁无痕，簇新洁白的水泥枕木在田野里划出一道弧线，几个放学的少年在铁轨上玩耍，这是刚竣工的宁西铁路，南京至西安，从小常庄向南走几百米即可看到。原本定于2003年12月15日正式通车，现在推迟到2004年1月7日，唐河是一个大站，小常庄差不多是这个县离该站最近的一个村，这一年大家都在念叨铁路的事。

处在312国道边的小常庄知道交通便利带给他们的好处，村民杨长志更是期盼早日通火车，他种了16亩“雪松”经济林，客户遍布西安、北京，用于城市街道绿化。下午4点，他在自家院子重建他的小洋楼，这得花掉他6万块，老婆孩子在旁边端茶倒水，他志得意满。1996年，他是全庄第一个种雪松的人，是他在唐河县中学教物理的叔叔给他出的主意，1998年，他种下的第一批树苗开始为他赚钱。一亩地种约100棵树苗，村支书说他今年最贵的一棵卖到450元。记者当着村长的面问及收入，他瞄了村长一眼，笑了笑只是挠挠头。

小常庄村支书付军杰说，这一年小常庄最明显的变化就是乡亲们都觉得钱越来越重要了。这体现在种庄稼的越来越少，种经济作物的越来越多，不用乡上动员，村民们自己开始琢磨什么赚钱，什么有钱赚种什么，以前是有十亩地，八亩种粮食二亩种经济作物，现在则至少七亩地要种菜、豆、棉花。显然，乡上和村上都对这种做法表示鼓励。村委会对面的一个小小豆制品加工点生意很忙活，常金生一家各按分工有条不紊地忙碌着，作坊负责把附近几个村民的豆子加工成“人造肉”，不收任何费用，常金生只要加工时榨出的豆油，今年种豆子的村民多，常家的生意也忙，最多时一天能加工出十来斤豆油，一斤油卖三块六毛钱，老常头看起来挺乐乎。

晚上 9 点，一辆大客车会从唐河县开出，里面挤满了方圆数里乡村的青年男女，疾行 20 小时直奔广东东莞。正值农闲时期，各个村子都变得空荡冷清，青年人都愿意去南方打工，等到次年 5 月农忙时再回来。这些短工大都去了玩具、制衣、制鞋厂，早有在那边的同乡给联系好。半年多的时间，最少能带两三千元回来。青年人走了，只剩下老人孩子，在小常庄，这种冷清是明显的，正午时分，村里一片寂静，狗见了人摇着尾巴但一声不吭。

24 岁的惠林超在外打工四年后去年回到小常庄，在国道边开了个小百货店，11 月经人介绍和大和屯乡的一个姑娘结了婚。结个婚除自家房子外他花了 1 万元，其中 6000 元现金给女方家，3000 元买家具，女方则陪嫁了摩托、冰箱、沙发、空调，洗衣机。村支书说这是小常庄婚嫁的基本模式。74 岁的常全举是村里的困难户，一辈子一个人过，守着一个四处漏风的小泥屋。村里和邻里会常来看看他，下午两点常老汉端着刚吃完的空碗，神情有点木讷。

紧挨着村委会的小常庄小学学生散乱地坐在操场里答题，这是单元考试，这样散坐可以防止互抄。四周很安静，几只母鸡被我们一行惊动，哗的一下竟飞起七八米高数十米远，看得我直发愣，村支书说，这有啥稀奇的，俺们小常庄的鸡晚上都睡在树上。

这儿与那儿

「有可以不说的真话，决不说假话」，岭南老报人的一句话，被一张报纸拿来实践了25年。话没有什么稀奇，类似的话，康德早说过；意思没有什么稀奇，蒙学阶段就在诵读；修辞没有什么稀奇，比起「知其不可而为之」、「先天下之忧而忧，后天下之乐而乐」显得朴素。然而，以之为圭臬，却成就了一张报纸的气象。有人说，是特殊的时代成就了说真话的《南方周末》，此话可能只说对了一半。《南方周末》确要感谢这个奇迹般的时代提供的丰富机会。从民国时期的「厚黑学」到当代的「潜规则」，学者都在阐述对历史的理解，说真话需要足够的勇气。今天，更显真话的珍贵。真正成就《南方周末》的是一份朴素的信念：相信未来，并着手创造未来；珍视真善美，并着手护持真善美。真正成就《南方周末》的是一种咄咄的坚持：扎根中国，深入人民；放眼世界，纯粹新闻。这是理想主义者的执著。其中并没有多少创造，这样的理想主义，不过是中国千年不易的知识分子情怀与操守；这样的理想主义，不过是启蒙时代以来，人类的优秀分子共同的价值与行为取向。但就是秉承这样的理想，使《南方周末》从「服务改革，激浊扬清」到「让无力者有力，让悲观者前行」，从「深入成就深度」、「记录时代进程」到「在这里，读懂中国」，25年一路走来，几代报人，薪火相传。成功时有泪水，风雨中常微笑。由此，在《南方周末》创刊25周年时，我们出版这套丛书，并不是觉得《南方周末》做了什么惊天动地的事，并不是《南方周末》有树碑立传的需要。我们只是想通过结集的形式，持续地告诉爱她或恨她的人们，如她那样坚持。在任何时代，都能有这样的成绩，持续地告诉爱她或恨她的人们，不要怀疑历史终将进步，赤诚的新闻人只需着力于本分。

第柒年

2004年：白鹿镇邮政点要取消

■ 柴春芽

易延容决定另谋出路

冬天的白鹿镇，雾锁群山。

易延容的邮政代办室还和去年一样，像一个待嫁的乡下女子，羞涩地躲藏在一排老平房的角落里。

易延容呢?

有热心的女人向着小街，用四川女子特有的大嗓门，呼喊易延容的名字。

小街边，易延容从她嫂子开的美发店里应声而出。还是老样子——那眉眼和身段，那爽朗的笑声以及和善的微笑。

但一回到那简陋的邮政代办室，埋头在一堆报纸和信件中的时候，易延容就显出了颓丧。

“我做邮政代办工作已经10年了，工资还跟10年前一样，100多块。想办个邮政储蓄业务吧，条件跟不上，上面又不支持。你看那家信用社，全镇就它一个金融机构，生意好得很。但彭州市邮政局却认为我这个代办点业务少，他们会赔呢。”

易延容跟其他邮政代办点的业务员一样，曾要求邮政局为自己办理养老及其他社会保险，但一直都没得到答复。

“所以我现在一点信心都没有，不像以前，还有个盼头。”易延容幽幽地说，“靠这个工作，真是越来越没指望了。”

易延容决定另谋出路。靠自己的积蓄和父母的资助，她以每月 200 元的价格，租下了小街十字路口的一间房。那房子正在装修——易延容准备花两万多元，把它装修成全镇“最气派”的茶楼。

易延容的婚事一直拖着——她谈了 3 年的男朋友是一名教师。当被问及何时完婚时，29 岁的易延容依旧笑而不答。像她这样的大龄女青年，镇上已经很少了。但易延容说，她的好几个同学“也还没结婚呢”。

美容店的不变与变

易延容嫂子开的那家美容店里，聚集了镇上年轻的美女。

那些在冬天无事可做的女子，或者对面镇医院里清闲的女护士，大都喜欢围坐在火炉旁，谈些无关风月的闲话，比如今年流行的发式。她们衣着时髦，头发染成了金色或栗色，在午后的时光里，目光空茫地望着行人稀少的街道。

她们显然习惯了单调重复的生活，日复一日。

用易延容嫂子的话说，她们的变化可能就是：去年的高跟鞋换成了今年的长筒靴，去年的风衣换成了今年的皮裙，去年电离子拉直的头发今年又换成了卷发；有些女人结了婚，有些女人生了孩子。“仅此而已。”

到了“赶场”的日子，美容店会迎来山上的农妇。她们背着背篓走进美容店，等背着背篓走出去的时候，湿漉漉的头发已经打成了卷。

“今年的生意不如去年红火了。”易延容的嫂子说。所以，镇上的美容店没有增加，还是去年就有的那两家。

不光易延容的嫂子这么说，连在她的美容店对面卖猪肉的老头也这么说。所以，去年 1 斤猪肉卖 7 块多，今年就只能卖 6 块多了。

黄连是苦还是甜

都是因为黄连。它成了白鹿镇人生活发生连锁反应的起点。

黄连这药材虽苦，却曾寄托了白鹿镇人甜蜜的希望。

白鹿镇的农民将黄连种在山坡上，但它需要 3 年才能长成。在这 3 年时间里，农民为它灌注了无数心血，就像悉心呵护自己的婴孩。

过去几年，黄连给农民带来了财富。富起来的农民成为镇上的消费主力军，刺激得镇上的经济也欣欣向荣。

但今年不行了——黄连的价格从去年的七八十元一斤降到了二三十元一斤！

这种状况令人发愁。

70岁的朱建良在白鹿河边捡拾干柴的时候，经常会蹲在石头上发呆。他去年才开始种黄连，没想到仅仅一年后，黄连的价格就一落千丈。这让他的心一阵阵发紧。

曾经被上游的煤矿污染的白鹿河水，经过整治今年变得清澈透明，尽管河床上残留的煤灰依然可见。冬天的白鹿河，就像一位善解人意的姑娘，默默聆听着朱建良老人的抱怨和期盼。

但在今年夏天，白鹿河却暴怒了——它汹涌而上，漫过堤岸，侵吞了朱建良和其他10多户农民的家。

这无疑是雪上加霜！

迫不得已，朱建良的两个儿子外出打工，一个就在附近的煤矿当“煤黑子”。

可今年的一起矿难，给镇上造成了20多人的死伤。这令朱建良更加忧心忡忡。

白鹿镇人不得不另谋生路。

8月，30多人前往新疆摘棉花，结果只是被工头骗了一回，没有挣到钱。

网吧、书屋和超市

白鹿镇还是有变化的，只是粗心的人没有觉察。

镇上已有两家网吧开业，年轻人通过互联网，发现了另一个奇妙的世界。

关沟村的党支部书记袁书学会了通过QQ跟外界联系。他有了自己的网友——有些还是香港人；他向网友介绍家乡的风土人情和优美的自然环境，邀请他们到白鹿镇来旅游；他告诉他们：上书院今年修建了一座桥，镇上一座避暑山庄开始营业了，来自成都的游客在白鹿镇度过了一个清凉的夏天……

也有白鹿镇人开始用 QQ 向重庆网友询问黄连在那边的价格。

而在村头上，爱读书的王进一个月前办了个名叫“立学文化坊”的书屋。书屋里存有 1000 多册旧书，大多是武侠或言情小说，间中夹杂了几本法国文豪莫泊桑的小说。

王进说自己曾是个闲人,现在总算找了点事做。但书屋的生意甚是萧条——尽管门口挂着影视明星的大海报，却也招徕不了几个顾客。

门可罗雀的现实，迫使王进萌生了转让书屋之意。

白鹿镇当然也有生意红火的地方，比如今年出现在街头的一家超市连锁店。

2004年：成功路上书店要关张

■ 戴敦峰

修 路

成功路今年最大的变化是修了路。

6月10日，“中考”一结束，成功路的两头就被封了起来，一直到8月底才重新开通。

这两个半月时间，对成功路上的大大小小的老板们来说，可算是一种煎熬。

“等到8月底路修好，夏装也过时了，我们只能打折促销。”年轻的服装店老板王宁毅说。

修路的时候，成功路上只留有50厘米宽的一条小路供行人进出。王宁毅说，现在安海镇许多人家都有车了，已习惯开着车来大宗购物，车子进不来，他们也不愿走路进来。为了应对这种情况，王宁毅采取了“电话购物，送货上门”的销售模式——虽然没法完全弥补损失，但也算聊胜于无。

当安海人8月底再次踏上成功路时，发现它已面貌一新：路两旁铺了人行道，行人不用再和满街的摩托车争道了；地面上还出现了黄色的停车线——不允许乱停车了；街边增加了很多垃圾箱，“现在比以前干净多了。”王宁毅说。

虽然损失了夏季两个月的销售时间，但王宁毅明白，“成功路的形象搞好了，才会吸引更多的人来。我们当然也要配合政府的工作”。

文墨书苑的老板肖文墨半开玩笑地说：“是不是因为你们每年都来报道成功路，所以镇上才特意把这条路重新修了一遍？”

书 店

肖文墨把记者领进他的书店里。他抓住一排书架，往外一拉，一扇门神奇地出现在书架后面。“这是今年装修时我设计的。怎么样，从外面看不出来吧？”肖文墨得意地笑着。

马路对面新开了一家书店，这让肖文墨“感到有压力了”。所以，利用修路这段时间，他花3万多元把书店重新装修了一遍，书架、地板、吊顶和灯全部都换了，给人耳目一新的感觉。

见到记者时，肖文墨刚开车给水头的分店送书回来。他开着的这辆车是今年8月买的，长安之星，6万元左右。

“文化产业真的越来越不好做了。”肖文墨抱怨道，房租比去年涨了30%，大大增加了他的经营成本。比起7年前他刚到成功路的时候，现在的铺租已经涨了一倍多。

不光是肖文墨一家，成功路上大部分商铺的租金今年都涨了30%左右。

肖文墨认为，是服装和手机厂家把成功路的租金拉了上去——过去一年里，成功路上如雨后春笋般涌现出十几家手机店和数不清的服装专卖店。

正说着，肖文墨的手机响了起来。他从左边口袋里掏出一只手机，又从右边口袋掏出一只小灵通。“成功路上做生意的人，如今都是一只手机加一只小灵通，小灵通在本地用，手机到了外地时用。”肖文墨说，现在手机话费越来越便宜了，他一年前买了中国移动的一个话费套餐，算下来每分钟话费才2角多。

文墨书苑今年的经营情况并不好。肖文墨告诉记者，原本营业额一直在稳定增长，可今年国庆黄金周比去年少了几千元，年底的生意也不如去年。他一直在琢磨原因：“现在上网的人越来越多，是不是年轻人读书的方式改变了？”

在安海镇，如今装宽带已不用交初装费，如果“包月”的话，每月费用只要78元；即使不“包月”，花48元就能用40个小时。据当地媒体报道，安海镇的宽带用户已达到几万户。

还有一件让肖文墨头痛的事，书店失窃严重。他正考虑是不是在书店里装几只摄像头，或者像有的超市那样，装上防盗警报门。“可是，书店的门本来就很小，再装警报门，恐怕连人都走不出去了。”

肖文墨的爱人蔡燕真去年年底就不做保险了，因为难以为继。肖文墨认为，安海人还没这个（保险）观念，所以，做保险只能做熟人，做完自家人做亲戚，做完亲戚再做朋友，等一圈朋友都做完了，也就无人可做了。“3个月没有客户就得走人”，肖文墨深感保险业竞争“残酷”。

蔡燕真现在重操旧业——晚上在成功路路口的大排挡卖牛肉火锅。“辛苦是辛苦一点，但她喜欢做这个，我也不强求她一定要来我店里做。”肖文墨笑着说，他们夫妻俩的“观念不同”。

肖文墨总结了当初在成功路上开火锅店失败的原因：一是成功路停车不方便，人家开着车来吃饭，却发现要到老远的地方去停车，于是都不愿意再来了；二是铺租不停地上涨，现在一年要四五万元，做餐饮难以承受这么高的成本。

肖文墨说，这一年里，因为承受不了这么高的成本，成功路上不断有店铺倒闭。

这两年，成功路上的彩票生意已日渐清淡，到了今年，福利彩票更是全线退出成功路，剩下的3家体育彩票也是门前冷落。不过，肖文墨告诉记者，最近安海镇玩“六合彩”的人又多了起来，他整天都听人在讨论这个话题。“体育彩票只能用现金买，“六合彩”可以押房压车，所以玩得倾家荡产的大有人在。”

“我不玩（六合彩）那玩意儿。”肖文墨说，“我每天都去买一两注体育彩票，希望哪天能碰上好运气。”

茶　庄

邮局旁边新开了一家小茶庄，叫“李氏茗茶”。记者进去的时候，老板娘正带着两个孩子坐在柜台前悠闲地看电视。

小茶庄的店面的确不大，只有12平方米，加上半个放杂物的小阁楼，每月房租却要1500元。老板娘说，这个价在安海是算不便宜，但如果是在石狮那边，这么小的店面，租金最少也要7000元。

“李氏茗茶”是成功路整修之后才开的，也卖黄金搭档、补血胶囊之类的保健品。

福建人有饮茶的习惯，不仅自己喝，逢年过节也把茶当作礼品馈赠亲朋好友。这两年安海镇的茶庄越开越多，大约已有三四百家。“竞争越来越激烈啊。”老板娘说，所以他们主要还是做熟客的生意，都是朋友介绍过来的，卖茶叶的都是这样。“一般都是客人打电话来订货，真正上门买茶叶的倒是少数。”

这间茶庄是老板娘的先生开的，他在安海还开了一间工厂，所以平日里都是老板娘在茶庄里照应。此前，她一直待在家里，没什么事做。“总归要出来见见世面的，你说对不对？”她对记者说。

成功路上的服装店虽然越开越多，可是老板娘却很少逛成功路——她更喜欢去泉州和厦门买衣服。“从安海去厦门越来越方便了，自己开车上高速公路，40 分钟就到了。”

说到安海的治安，老板娘抱怨“仍然不是很好”，经常有“飞车党”抢包的事发生，茶庄隔壁的邮局情况尤其严重，所以来汇款取款的至少都要两个人结伴。“你把包挂在肩上，可要当心。”她还特意提醒记者。

不过，成功路上今年开始出现了巡警的身影。“不管怎么说，这都让人感到安心一些。”老板娘是在宽慰记者，也是在宽慰自己。

2004年：小常庄开始了工业化

■ 徐 楠

工业区带来新梦想

说到唐河这个农业大省里的农业大县的工业化程度之低，过去曾有人这样形容：全县冒烟的地方一共只有两处：一处是宾馆，一处是火葬场。

尽管艰难，唐河县的工业化进程还是缓慢地开始了。

2004年，县里的开发区规划覆盖了8000亩土地，其中351亩属于小常庄。村里已有数十家农户与开发区签订了租赁合同，每年每亩租金360元，还有40.5亩土地被征用，工业区的框架路正在施工。

许多年来，小常庄只有连片的青苗；如今，整块的绿色中正缀上一条暗黄的带子。卡车来来去去运送施工材料，小常庄背靠的三夹河河滩沙场也忙得不亦乐乎。

厂子陆陆续续开起来了，现在能看到的是明胶厂和塑编厂。村里超过200人在开发区找到了事做。“男的女的都有，吃罢饭骑上车子到厂里，给钢架刷防腐漆，一根管子15元，一天怎么也有几十元进账，不到田里下力气了，合适哩！”

惠文喜是村子里最早与工厂打交道的人之一，“他们先是租我的房子，后来觉着合得来，就叫我去包工程。”

如今，惠文喜的妻子在厂里当保管员，每月工资400元，正式开工后会涨到600元。

“手机是厂子里给俺买的，说是有事好联系。”惠文喜腼腆地说出自己的手机号码。他的身后，堆着今年收割待售的3000斤玉米。

明胶厂和塑编厂即将正式开工，全村有200多人报了名，“离家近，啥都不耽误”。

工业，给这里的人带来了全新的梦想。

冷下去的和热起来的

下午3点，一辆运煤的火车沿着宁西铁路小常庄和大常庄的边界处，呼啸而过。

可对于小常庄来说，铁路，已是一个“冷下来”的话题。

宁西铁路是2004年1月1日正式通车的，目前过往的均为货运列车；新一年的元旦，客运列车也将开通。

这条铁路，加上比邻村庄的312国道，已使小常庄成为这里毋庸置疑的通衢之地。

这一年里，农业税下调了3个百分点。小常庄去年的农税任务是23万多元，今年则不到1.4万元。

李冬祥说：“今年可真轻松了：各组年终的时候把我叫去，账一算，万把块钱，当天就能完事。要是以前，怎么也得耗个几天工夫。”

李冬祥是村里的文书兼报账员，人们还是叫他“会计”，他小声地补充了一句：“税费改革以后都叫报账员了。”

书记和村主任依然是付军杰和吴全军。

村委会的黑板上写着2003年的财务公开数据，白色粉笔的字迹，如今已像蠕虫爬过留下的浅痕。

没有人在这块黑板前停留。而大部分时间里，村委会的铁门是锁着的。

过去一年，小常庄有4对新人结婚，10多个孩子出生，9人亡故，60岁以上的老人在全部人口中所占的比例升高了“一个多”百分点——小常庄与周围的世界一道，渐入人口结构老年化社会。

萧索的冬日里，村舍中难得见到人影，“都出去找活干挣钱了”。

再过几个月，一批新移民将从遥远的丹江口迁来——今年7月，“南水北调”工程移民办的人到村里来过，他们相中了这里一块十余亩大的地方，准备安置130名丹江口移民。

工业区就要成型了，与小常庄相伴多年的312国道如一条重要的血管般活络起来。

眼下，有十六七户新房正在抓紧施工——全部在国道沿线，“都是看准将来的发展呗”！

更多的人则期待着，在新的一年中实现当工人的梦想。

再也没有步调一致的生活轨迹。“以后咱这都是郊区了，也有点小市民那意思了。”李冬祥笑道。

不再“统一”的村庄

“这边，60厘米，排水；这边，1米宽，喂食；横着，再1米宽，是人行道，也是狗行道。”

说到“人行道”和“狗行道”时，惠建民格外抑扬顿挫。他在一片空旷的地上比划着——这里是刚刚规划好的新猪栏，砖块已备好，打算春节前就完工。

惠建民说，明年要把养猪场的规模扩充到200头左右。话一出口，妻子赶忙打断。李冬祥笑呵呵地打趣：“怕露富哩。”

几百米外，惠建民家堂屋的旁边，24头小猪在精心圈好的猪栏里欢蹦乱跳。“三元杂交的，个头匀实着呢！去年下料还摸不准，出栏慢，今年摸索得差不多了。”

惠洼，小常庄最大的自然村之一，如今已有17户人家搞起了生猪养殖——这是今年最被看好的经营项目。

“干家啊！”离惠建民家很远了，李冬祥还在赞叹着。

“干家”，是对肯下力气、又懂门道的劳动者的最高赞誉。

复转军人常晓山瘫痪卧床，女儿常梅今年升入了高中。这次升学不简单：老师连续上门劝说了好几趟，并由学校垫付了部分费用，这户贫寒之家才作出了这个决定。

屋里的墙上，常梅的奖状全是2003年12月以后获得的——必须不断地更新，裸露着红砖的墙壁才承载得下这个乡村女孩的荣耀和梦想。

傅延宾 3 天前做了新郎。这个年轻人高中毕业后走过不少地方，现落脚在广东一家电池厂，做设备维护，每月收入 2000 余元。新娘张菲丽是一年前别人给介绍的，现在跟傅延宾同在那家电池厂做工。

傅延宾家的两层小楼刚刚重新粉刷。小两口坐在纯平显示器前，跟着教学软件学电脑，屏幕上刚键入了这样一行字："今天我们一定学会电脑"。

傅书金家的院墙顶上，飘挂着两排黑色和藏蓝色的布片——都是用旧衣服改成的。1999 年，傅书金的大儿子因交通事故成了植物人，如今依然一动不动地躺在木床上，僵挺的脖子挨着床褥下面的稻草垫子。那些飘挂的布片，就是他的"尿片"。

在傅书金家里，看不到一件像样的家具。他外出找活干去了，他的老母亲守候在孙子身旁，逢人来便细数家中的苦处，急切询问来年能否被列入救济户。

"惠洼有几家出去包工程的，现在家底少说有百十来万哩。"人们啧啧而言。

而像惠玉庆这样 40 多岁的光棍汉，"生活已很难有什么大的提高，村里每年都得想办法往上报救济。"付军杰说，"可一年救济个百十来块钱，也解决不了根本问题。"

机遇与灾祸，快慰与唏嘘，顺境与厄运，宽裕与窘迫——况味杂陈的村庄，越来越难以一言蔽之。

小常庄有 15 个自然村，最大的六七百人，最小的 200 余人。

全村 3860 亩土地上，如今有 300 多亩雪松，400 多亩速生杨，棉花、芝麻、黄豆、玉米星星点点，家家都种；各种花卉苗木和药材则无法统计——早几年就有了广玉兰、百里香、樱花，今年新增的是紫薇和小白杨。

年内唐河县办了黄牛节，小常庄大的黄牛养殖户新增了三四家。但更被人们看好的是生猪养殖。黄牛大户常进春卖了自己的黄牛养殖场，开始准备养猪了。

APP 纸业集团在南阳设了厂子。这件 54 公里外发生的事，对小常庄却有着切近的影响——作为造纸原料，400 余亩速生杨正嗖嗖地长起来。

还是这一年，小常庄新增各类车辆 4 部，有 3 户人家搞起了专职运输的营生。

再也没人给出种植什么、经营什么的统一指令；也再也没人能用一两句话将这片 3860 亩的田野形容透彻。

第捌年

这儿与那儿

「有可以不说的真话，决不说假话。」岭南老报人的一句话，被一张报纸拿来实践了25年。话没有什么稀奇，类似的话，康德早说过；意思没有什么稀奇，蒙学阶段就在灌输；修辞没有什么稀奇，比起「知其不可而为之」、「先天下之忧而忧，后天下之乐而乐」显得朴素。然而，以之为圭臬，却成就了一张报纸的气象。有人说，是特殊的时代成就了说真话的《南方周末》，此话可能只说对了一半。《南方周末》确要感谢这个奇迹般的时代提供的丰富机会。从民国时期的「厚黑学」到当代的「潜规则」，学者都在阐述对历史的理解，说真话需要足够的勇气。今天，更显真话的珍贵。真正成就《南方周末》的是一份朴素的信念：相信未来，并着手创造未来；珍视真善美，并着手护持真善美。真正成就《南方周末》的是一种咄咄的坚持：扎根中国，深入人民；放眼世界，纯粹新闻。这是理想主义者的执著。其中并没有多少创造，这样的理想主义，不过是中国千年不易的知识分子情怀与操守；这样的理想主义，不过是启蒙时代以来，人类的优秀分子共同的价值与行为取向。但就是秉承这样的理想，使《南方周末》从「服务改革、激浊扬清」到「让无力者有力，让悲观者前行」，从「深入成就深度」、「记录时代进程」到「在这里，读懂中国」，25年一路走来，几代报人，薪火相传。成功时有泪水，风雨中常微笑。由此，在《南方周末》创刊25周年时，我们出版这套丛书，并不是觉得《南方周末》做了什么惊天动地的事，并不是《南方周末》有树碑立传的需要。我们只是想通过结集的形式，持续地告诉爱她或恨她的人们，如她那样坚持，在任何时代，都能有这样的成绩，持续地告诉爱她或恨她的人们，不要怀疑历史终将进步，赤诚的新闻人只需着力于本分。

2005年：白鹿镇随黄连陷入萧条

■ 成 功

从成都西行80公里左右，与白鹿河相伴的白鹿镇像一个熟睡的小孩幽静地躺在山坳中。新农村建设运动席卷而来，白鹿镇的打扮也鲜亮起来了。公路沿线的民房统一刷成了白色，墙上梁柱位置画上几道铁红色线条，普通民房便被勾勒成了富有浓郁川西特色的传统民居。每天20分钟一班的空调中巴从彭州市（县级市）发往白鹿镇，终点站就设在镇上的新街十字路口，这里是小镇人气最旺的地头。

邮政代办员易人

“大家有些担心，怕交了钱又收不到报纸杂志。”

刚到小镇，这条新闻就传到了记者耳朵里：易延容出事啦！

易延容是镇上邮政代办所唯一的邮政代办员，也是本报每年的回访对象，因此在镇上小有名气。

从镇上居民芜杂的议论中，大致可以理出脉络：易延容因为自己的茶馆经营不善，挪用了2000多元订报款。去年，白鹿镇中心学校老师赖祥毅花200多元订了4份报纸，到头来手里拿着收据，却见不到报纸。后来，易延容的父母出面还了赖老师的订报款，但其他人的钱却一直没有着落。镇政府和邮政支局研究决定，将易延容除名。迫于小镇的舆论压力，易延容远走他乡，到重庆亲戚的茶馆里打工去了。

易延容的出事让白鹿镇的订报工作遭遇了“信任危机”。“快到年末了，订报纸杂志才收4700多元。”4月接任的邮政代办员龚文霞说，按照邮政支局的规定,白鹿镇订报任务是2万元。“大家有些担心,怕交了钱又收不到报纸杂志。”龚文霞对明年的征订工作忧心忡忡。好在邮政支局考虑到龚文霞刚接手工作，对明年的征订任务暂不作要求，她可以松一口气了。

除了邮政代办员，龚文霞还负责镇政府的门卫和清洁工作。她还有一个重要身份是打字复印店的老板。从1998年开始，龚文霞就租房开起了镇上唯一的打字复印店，生意红火，每月毛利能赚2000元。3年前，她把电脑、复印机设备搬到镇政府的门卫室，以便兼顾生意和镇政府的门卫工作。

龚文霞的打字技能是1996年在阿坝州打工时学来的，3年的打工生涯不但让她一技傍身,而且找到了属于自己的爱情。“我们是1997年认识谈恋爱的。”27岁的龚文霞脸上有些泛红，她说自己不喜欢媒人介绍，甚至觉得相亲的场景有些滑稽，“赶集的时候，媒人指一下街对面的男人，我走过去，也没法和他交流，常常很尴尬。”最后，因为父母开明，龚文霞自己作主嫁给了在阿坝州认识的一个人。

龚文霞生了个女儿，但她和丈夫都不想生二胎，因为要花钱的地方太多。4岁的女儿上幼儿园,每学期学费450元、餐费120元,再加上保险费25元,“供不起，生那么多干吗？”

计划生育工作已不再是困扰基层干部的头等难题。白鹿镇的许多行政村属于山区，享有生二胎的优惠政策，“有时我们主动安排生二胎名额，他们还是不愿生。”白鹿镇党委副书记周德顺说。

从1999年开始，白鹿镇人口一直保持负增长。镇政府的一项统计资料显示，全镇共有10213人，每年新生人口40–50个，而迁出和死亡人口却达到了70–80个。周德顺认为,人口负增长的原因一方面来自居民生育观念的改变，“多生孩子带来的成本会降低家庭的生活质量和对孩子的培养质量”；另一方面养儿防老的观念在削弱，很多人都选择买保险来养老了，“最近，人寿保险公司请镇政府在每个村物色一个保险代办员，推广养老保险。”

牵动人心的黄连和煤矿

2004年黄连价格跌得小镇人心痛，2005年情形依然。11月25日，廖世贵把最后一麻袋黄连搬上车后，长叹一口气，“16麻袋600多公斤黄连才赚200多元。”按照廖世贵的说法，每公斤43.5元的价格几乎没有什么利润空间。

白鹿镇人的经济生活辞典中最为重要的词汇就是黄连，因为小镇境内全是山地，没有水田，只适合种药材，另外还有些玉米和洋芋等农作物。

廖世贵是白鹿镇的黄连“交易经纪人”，他从山上农民那里收购黄连，再卖给各地来采购的客商，现在已是白鹿镇黄连生意做得最大的老板，每年经手的交易量有40多吨。

白鹿镇从1975年开始引种黄连，那时是集体经济，黄连是统购统销。到了1980年经济改革之初，觉醒较早的廖世贵冒着“割资本主义尾巴”的风险，偷偷从山上农民那儿收购黄连，“悄悄地用篓子背上20公斤左右，从人少的河边小路走到车站，然后坐车到成都，每次能赚上几百元。”

1995年左右，白鹿镇的黄连种植规模开始扩张。到了2000年，随着每公斤黄连价格飙升至200多元，白鹿镇出现了村村种黄连的局面。“目前全镇黄连种植面积有1000多亩，加上到邻镇承包的土地，总数可能达到2000亩。”廖世贵说。每年天气比较暖的7月–10月，就成了镇上黄连的交易季节。每天下午2点左右，从廖世贵家门口到镇政府约800米长的老街上，挤满了采购黄连的客商，这些客商大部分是成都的，也有一些来自广东、河北、山东。大家站在街上讨价还价，谈好后直接把黄连搬到客商带来的卡车上，非常热闹，一般要持续到午夜12点才会散场。

廖世贵的黄连生意在2001年曾遭重创。当时，黄连价格达到每公斤200多元的顶峰，有人出价每公斤260元收购廖世贵手中的4吨黄连，但廖推测黄连价会高攀300元而拒绝出手。但是第二年黄连价格就跌了一半，此后一路狂跌，到今年徘徊在40多元的价位。这一笔生意让廖世贵折得元气大伤。事后他总结教训，认为除了黄连的大量种植导致价格崩溃，另外一个原因是信息通信的发展和年轻人的加入，导致了恶性价格竞争。“现在几乎人人都有手机电话，山上农民信息很灵，一打听到市场行情马上就提高黄连收购价。很多年轻人到网上了解外地黄连价格，跑得比我们快，赚几毛钱他们都敢卖。”

和黄连一样，煤矿在白鹿镇人的生活中占据重要的位置。

全镇共有 9 个煤矿，一个石灰石矿。去年 11 月 13 日，镇上的宏盛煤矿发生瓦斯爆炸，死了 19 个矿工。“问责风暴”随即刮到了小镇，镇长撤职，镇党委书记调离岗位，矿主和安全监察员被追究刑事责任。

“今年，镇上关闭了 2 座小煤矿，剩下 7 个我们正在做动员工作，逐步引导其关闭。”镇党委副书记周德顺说，这些煤矿每年为本地农民提供 1200 多个就业岗位，关闭煤矿直接导致农民工减收近 800 万元。但考虑到国家的政策，镇政府还是决心关闭煤矿，把发展重心转移到旅游和生态农业上来。

小镇生活的变化

在阴冷的寒冬，白鹿镇人感受着黄连跌价和煤矿关闭带来的萧条。镇上刚开业的“美廉超市”老板抱怨生意不景气，“煤矿一关，镇上外来消费人口走了。黄连垮价，又让镇上人舍不得花钱。”

34 岁的王刚敏守在街上音像租赁店里，半天没人来租影碟，她盼着老天下雨，“天气不好，山上的农民没法干活，就会到镇上租碟看。”

11 月，文化局通知网吧通宵营业的禁令解除，但依然没能挽回镇上唯一的网吧歇业的命运。“镇上有文化的人都出去找钱了。2 大队就有 20 多个年轻人出去打工。”网吧何老板决定搬到彭州市区，因为那儿上网的学生多。

但是小镇环境显然是好转了。因为煤矿关闭，运煤车少了，白鹿河的水也干净了。

今年，“特许加盟”的经营模式开始走进白鹿镇。30 岁的杨永斌发现镇上除了 2 家小药店，2 家私人诊所及镇医院外，独缺“平价大药房”。4 月下旬，卫校毕业的杨永斌举债 3 万元，向四川康贝大药房交了 2000 元加盟费，在镇上开了连锁药房。才开业几个月，药店就遭遇“寒流”，杨永斌决心撑下去，因为他太害怕待业在家的滋味了。

白鹿镇上又新开一家理发店，老板代俊霞一头时髦卷发。为了保持自己的“核心竞争力”，她花了 3000 元派人到成都学习美容业务。在她美容店中，“美白、祛斑”效果好的“柏姿丹”最受山上的中年妇女们欢迎，“每天化妆品能卖出 100 多元。”

对白鹿镇人的生活水平变化，60 岁的屠夫冯全民最有发言权，因为猪肉的消费量是衡量居民生活水平的一个最直观的指标。

每逢赶集日，冯全民 6 点起床，到定点屠宰场统一宰杀后，7 点左右上摊卖肉。不到 11 点，200 多斤的一头猪就卖完了。像冯全民这样的杀猪人，全镇有 28 个。在他印象中，猪肉价格和销量是和黄连价格挂钩的，“现在黄连 40 多元一公斤，猪肉是 5 元一斤；黄连涨到 70 元一公斤时，猪肉也升到 6.5 元一斤。”黄连达到最高价 200 元一公斤时，“我一天就卖完 3 头猪，连自己都吓了一跳。”

新事业的希望

白鹿镇的希望在哪里？在白鹿镇政府的发展规划里，给出了“绿山富民”、发展旅游业的思路。因为白鹿镇紧靠成都远郊，依山傍水，风景宜人，一直以来都是成都人的避暑度假胜地。

朱清贵较早看到避暑休闲经济的商机。2004 年，他投资 170 万元在白鹿镇上建成 3 栋农家乐风格的度假村：泓麓山庄。五一节过后，山庄的 70 多张床位天天爆满。“大部分是成都市和彭州市来避暑的客人，他们常常包月，每月一个床位 680 元。到了 10 月天气一冷，就没有客人了。”

朱清贵抱怨镇政府的对外宣传力度不够，农家乐避暑休闲旅游经济没有上规模，客流量不足。而位于白鹿镇塘坝子村的国家地质公园曾被寄予厚望，现在也因投资商撤资而止步。

镇党委副书记周德顺解释，今年，镇领导班子刚调整，同时彭州市将旅游开发权统一收到市里，正在制定统一的旅游规划，“规划先行，我们镇政府才能动。”

“白鹿镇旅游还有一张历史文化牌可打，具百年历史的‘上书院’。”周德顺说。

在进入彭州市区的工业大道上，竖着一个巨大的欧式教堂建筑的广告牌。

1860年，法国传教士洪广化来到白鹿乡传教。于1908年在镇上建成了“上书院”。它与现在的“白鹿中心学校”原址的“下书院”，培养了大量高级神职人员，成为西南地区的传教中心。

“白鹿镇信天主教的教友有700多人，”彭州市天主教爱国会张义强神父说。几天前，张到四川省社会主义学院学习了3天，内容主要包括宗教事务条例、现代管理艺术以及成都经济发展形势等。

白鹿镇曾想开发“上书院”，但苦于没人投资。张义强盼着能共同恢复这个历史建筑。

年久失修的“上书院”距小镇5公里，负责看管的老人唐学安说，经常有广州、北京的新人不远千里，来这儿拍婚纱照。

信息社会和小镇政治

关沟村党支书袁加书也学会了上网，他的村干部办公室刚刚安装上ADSL宽带。镇里考虑关沟村比较偏远，决定把中央配发的一套农村党员远程卫星教育系统安装在关沟村村部。“我和关沟村一起跨进了信息社会。”袁加书笑言。一年前，一个朋友的妻子赌气离家出走，四处寻访未果，上网通过QQ把她找了回来。这件事给袁加书带来了前所未有的冲击。从此，袁加书刻苦练习上网，而且带动了村长也学上网。今年夏天，他通过QQ邀请到成都一位老板来关沟村考察投资，可惜最后因条件不合适而放弃。

关沟村前任村长因投资挖煤失败给村里留下20多万元外债。去年，关沟村举行海选时村民把他赶下了台。

最让周德顺担忧的是镇政府财政力不从心。2004年，取消农业税费，全镇少收了50多万元。“白鹿镇全年接受财政转移支付20万元，其中还包括干部的工资14万。最后摊到全镇19个编制，人均3000元一年。”按照市政府今年的要求，镇政府禁止向境内煤矿、林业站收取费用，“这一项又少了50多万元。”

11月1日，周德顺刚参加完彭州市丽春镇的党委书记竞选，这是今年让他舒心的几件事之一。“我在3进2的时候被PK下来的。”周德顺坦言自己失利的原因是“调研不充分，个人素质不过硬”。不过，白鹿镇的干部群众给他打了96分，他感到非常欣慰。

虽然遭到淘汰，但这种选拔方式让他耳目一新，“由专家组、市领导和当地干部群众共同评议，扩大党内民主选拔方式确实比传统干部选拔方式更加客观、公正。”

明年，彭州所有换届的乡镇领导都要进行党内竞选，周德顺希望自己的经验能发挥作用。

2005年：成功路地价飞速上涨

■ 戴敦峰　李祥文

安海镇位于福建晋江市东南濒海处，与台湾隔水相望，是闽南的文化古镇和商贸重镇。安海镇的工商税收排在晋江市第二位，仅次于有“休闲鞋都”之称的陈埭镇，若论综合经济实力安海则排在全市第一。

成功路无疑是安海最繁华的一条商业街，也是对政策变化、经济波动乃至时尚流行反应最快的一条街。

成功路的故事，可以看作东南沿海地区经济发展的一个缩影。

文墨书苑和阿谅牛肉火锅

肖文墨站在书店门前，一边打电话一边挠头：“书店快要搬了，业主不肯续租……”他背后的门头上挂着红布做成的促销广告：本店即将迁至新店，买多少送多少。

这已经是文墨书苑开在成功路上的第七个年头了，肖文墨怎么也没想到，业主突然决定收回店面自己用，就算他肯加一倍的价格，也不肯再继续租给他。

肖文墨一个劲儿地摇着头，感慨图书行业不景气，“这一年来就没什么好书。”

每天下午中小学放学的时候是文墨书苑一天中最热闹的光景。除了辅导材料外，学生们最喜欢的还是网络小说和青春文学。《哈里波特6》算是卖得好的，也只卖出去大概 70 本的样子。

在安海这座有着近 900 年历史的文化古镇上，年轻人的业余生活面临着越来越多的选择——电视、电影、上网、游戏或是购物，反而和书籍的距离似乎越来越远了。

这一年来，一些大品牌的专卖店悄悄进入了成功路，比如阿迪达斯、乔丹，对于爱逛街的年轻人来说也许是件高兴的事儿，但肖文墨却高兴不起来，因为这造成了铺租的进一步上涨。

肖文墨坚持着自己的分析。“对于那些连锁的大品牌来说，开一个专卖店花十几万或是几十万算什么？就当是在安海打广告了，而且比打广告还要便宜呢。他们要在成功路上找店铺，也舍得花大价钱，租金就是这么给炒起来的。”

经营利润越来越薄，而铺租却在以每年 30%的速度不停上涨，肖文墨觉得这一年来赚的钱几乎都交了铺租，“都是给业主打工了”。年底的时候税收也涨了，从原先的每个月 350 元涨到了 700 元，刚好翻了个个儿。究竟为什么涨了一倍，肖文墨自己也不知道，他正打算下个礼拜去税务局问个清楚。

去年有人在文墨书苑斜对面开的一家书店——瀚文书店，开张不到一年就倒闭了。依靠书店在成功路上多年的良好口碑，肖文墨苦苦支撑着。2004 年他在水头镇上开了一家分店，因为那边的人气不如成功路旺，这一年来经营状况也算不上好，收支“仅仅持平而已”。

现在摆在他面前最大的难题就是搬迁。新的门面已经找好了，离现在的书店不到 50 米，可老店的合同结束后，新店面的装修、布置需要两三个月的时间。肖文墨希望现在的业主能够宽限这么两三个月，“铺租我都照付，要涨一些也没关系”，可到目前还是没有谈妥。

最坏的打算就是书店停掉两三个月，余下的书找间仓库先放着。所以店门口挂出了“买多少送多少”的广告横幅，因为肖文墨要在搬迁之前尽量减少库存。

“如果转行，我能做什么呢？”肖文墨苦笑，“毕竟开了七八年书店了，别的行业我也不懂。”

晚上 6 点将至，肖文墨突然接到爱人蔡燕真的电话，急忙放下书店的事情，赶往成功路东头的路口。蔡燕真的排档就开在那儿，门口灯箱上写着排档的名字：阿谅牛肉火锅。

在经历了火锅店和保险代理人的失败之后，蔡燕真从2004年年底就一直在成功路头上开排档，毕竟还是有一门手艺在身，她的牛肉火锅很快引来了不少回头客。

肖文墨帮着爱人把车子从家里推了过来。

夫妻俩支起炉灶，摆放好桌椅，肖文墨默不作声地帮着爱人拾掇排档。

牛肉的香气很快就弥漫在清冷的空气中。6点17分的时候，一对老夫少妻成为这一天的第一桌客人，买了两碗牛肉面，一共10元。又过了10分钟，排档上的4张桌子已经全部坐满。

生意好的光景，蔡燕真每天要卖掉五六十斤牛肉，有的时候要到凌晨四点才能收摊。除了台风“海棠”登陆的那几天，蔡燕真风雨无阻地保持着每天出摊的记录。“还是想要找个店面来做，至少不用每天搬来搬去，也不用受日晒雨淋了。”肖文墨十分心疼爱人，偶尔会遇到客人喝多了酒要砸场子的事儿，更是让他放心不下。

“转眼一年就这么过去了。除了铺租和年龄增加了，别的真是一无所获。”在牛肉汤升腾的雾气中，肖文墨喃喃自语。

招人！招人！招人！

2004年成功路拓宽改造，2005年年初又实施了亮化工程，如今全路段都已经安装了路灯，成功路的夜晚前所未有地明亮。

根据安海镇2001年通过的第三轮总体规划，成功路被列入安海镇将要重点建设的“两街一中心”。两街是指成功路和鸿江街，一中心指的是商贸中心。12月15日，安海镇与深圳城市规划设计研究院刚刚签订了一份安海镇整体设计规划合同，规划设计院已经开始对包括成功路在内的几个区域进行社会调查，将在几个月内拿出一份整体规划方案。

安海镇商会牵头提出将成功路建成“诚信一条街”。成功路上也树起多块建设诚信一条街的广告牌来。只是到现在还没见出什么具体方案。

沿着成功路的店铺一路走过去，无论是服装店、手机店还是百货店，门窗上贴着的招聘启事都大同小异：诚聘营业员，要求女，本市户口，年龄

20–24岁……

记者随意选取了成功路上相邻的10家店面，发现贴出招聘广告的竟有8家之多。

“往年到年底的时候生意好一些，也会缺人，但从来没有今年这么难招的。”吴义达是成功路上一家知名品牌服装店的老板，在这里开店已经3年多了。

大家都想招本地人，一则语言、习俗相通，二则“出了事跑不掉”。但吴义达和成功路上的老板们都觉得，本地人是越来越难招了。

吴义达想招两名女营业员，招聘广告贴出去半个月了，只来过两名应聘者，还都觉得待遇太低没肯留下。尽管吴义达开出了每个月800元的工资，比去年每个月720元已经上涨了，可是还是没人愿意来。

“今年的生意不好做，这一年成功路上至少有1/3的店铺换了老板。所以啊，工资能涨个10%已经很不容易了。”吴义达感慨，他感觉今年安海镇居民的消费能力不高。“这可能和地下六合彩盛行有关，很多人的钱都砸到六合彩里去了，哪里还有钱来买服装呢？”

20岁的本地姑娘刘晓玲今年已经换了3份工作，最长的一份做了6个月。

“做营业员太辛苦了，一天要站十几个钟头，又只有那么点钱儿，还不够我买几件衣服呢。”刘晓玲从中专毕业后就做营业员，但她越来越不喜欢这份工作。

刘晓玲每个月底能拿到850元工资，生意好的时候老板会发100或200元奖金，但没有加班费。她算了算，除了250元交给家里作为伙食费外，剩下的全都花在美容、购物和娱乐上。

刘晓玲向往的是去大酒店里工作，体面又轻松。“至少上下班能够准时吧。”

她在等待一个机会。在这个机会来临之前，她不得不继续在服装店工作。有一份工作总比在家里闲着要好。

摩的司机的苦与乐

就在文墨书苑正对面的安海公园边，2004年底动工的老干部活动中心已经建成，将在2006年元旦落成剪彩。当年革命战争时期，安海镇是地下活动开展比较活跃的地区，全镇现在有800多名离退休老干部。这也将是全省规模最大的老干部活动中心。

安海公园里原先的电影院已经拆除，镇里全额投资2500万元兴建的文化活动中心2005年10月1日破土动工，预计在2006年底可以建成，除了有电影院和大礼堂的功能，还包括乒乓球、钢琴、书画训练馆等。

老胡端坐在他的重庆嘉陵上，等待着从成功路上走来的下一位乘客。

在安海镇上，摩托车是主要的交通工具，3元起步，10元几乎可以跑遍全镇。像老胡这样的摩托出租车司机究竟有多少，没人统计过，但他们每天都穿梭在安海镇的各个角落。老胡早上7点出门，下午5点收工，每天工作10多个小时，运气好的话大概能挣到60元。

老胡咧开嘴一笑，露出了两排被烟熏黄的牙齿。这杆有着19年烟龄的老烟枪最近却戒了烟，从今年9月份上高二的儿子开学起。这样每个月老胡就能省下40元钱，让爱人存进银行，作为儿子的“教育储备金”。

儿子在晋江市里的高中读书，成绩能排进年级前20名，只要不出意外，后年考上所大学应该是不成问题的。这是让老胡在司机们当中感到最有面子的事。

可就是这最值得自豪的事，却也最让老胡晚上睡不安稳。

学费，儿子考上大学了，学费怎么办？老胡听人家说，现在一般的大学每年学费都要七八千元，好一点的学校和专业更是过万元，再加上生活费，供一个大学生读书每年最基本的开销15000以上——何况老胡知道自己儿子也不是省钱的主儿。

老胡的爱人原本在安海镇的玩具厂上班，一个月算上加班费也能挣个1000元出头。但是今年2月因为工厂效益不好，老胡的爱人也下岗了。

40多岁的年龄找起工作来是很尴尬的，很多工厂都只要二十几岁的青年工人。直到3月底朋友才给她介绍了在一家工厂扫地的活，每个月可以拿到400多元，总是聊胜于无。

老婆下岗后，老胡经常会做到更晚一点，这样或许可以多挣到10多元钱。11月底，老胡把一张刚刚到期的3万元存款又存了一年定期，这将是儿子读大学的学费，可大学的学费还会不会再涨呢？

唯一让老胡感到庆幸的是，家里住的房子是5年前自己建起来的。至少他不需要像大城市里的人那样，为了一套房子而苦苦奋斗好几十年。

事实上，房地产开发在安海镇根本还没有启动。绝大部分家庭住在自己盖起来的独门独院的房子里，目前安海镇只有一个开发商开发的楼盘，它的价格还不能代表安海镇的房地产价格。

2005：小常庄人谢绝谈“幸福”

■ 徐 楠

312国道上竖起了新的路牌，其中一个指向“小常庄”——蓝底白字十分醒目。不远处的另一个路牌，骄傲地指向几里外新建的“火车站”。

村里的小江媳妇说：“轰轰过火车，一开始老睡不着觉哩，现在习惯了。”

两年前，从村庄北侧横切而过的铁路，是人们议论的话题。一年前，国道南侧的开发区是村人生活中的“明星”。2005年，农业新政起步第一年，收入成了谈论的焦点。

村民们曾怀着财富梦想种下雪松和塔柏，也曾经希望“开发区”能让他们成为“工人”，但不久后，这些都像树木的成长一样归于平静。

相对于变化，不变的总是更多。而最重要的，莫过于依照正确的方向，将变化一点一滴地持续下去，化变化为恒常。

关注小常庄的第八个年头，《南方周末》记者设计了一份问卷随机抽样调查，被调查者中男性7名，女性3名，村组干部2名，60岁以上的2名，40–60岁之间的4名，40岁以下的4名。

我们试图用问卷呈现出来的数字，来勾勒村庄的今天。

物价：60%勉强接受

农业税的取消和一系列补贴政策，其政治意义远大于经济意义。分散的小农经济，在市场面前仍显得步履蹒跚。

2005年，河南省全面免除农业税。

小常庄共有耕地4720亩，此前，每亩地的负担已经从105元减至36元。今年免税后，他们可以把这36元也揣回自己的口袋。

村里一共620户，从《南方周末》记者的统计来看，单纯种粮户为153户，农耕加小规模养殖户为246户，养殖专业户145户，以风景树等经济作物为主的186户，靠外出务工支撑的156户，在本地从事个体经营的42户，主要经营项目是水泥砖加工、饲料加工销售、生产编织袋、小规模客货运输、杂货铺等。

60%的被调查者，在影响家庭收入的因素中选择了“生产资料物价”。60%的被调查者对今年的物价变化“能勉强接受”，40%选择“很难接受”。

“黄豆从1块5掉到1块2，肥料可涨得厉害多了——一亩田原来要65块的尿素，现在得90块过点；俺们抽的这许昌烟，头两年还1块7，如今2块5了。”村民常孝峰说着，点上一支烟，用手比划着，“原来烟屁股剩这么长，现在还要多吸两口。”

小常庄地处豫西，种植结构以小麦、玉米为主，棉花为辅。村庄在所属乡镇中算“中等水平”，所属乡镇在全县则属“中等偏上”。

寒冷的下午，村民惠建民在猪舍旁和泥填堵窗缝，一年前，这位小常庄数一数二的养猪专业户在寒风中满脸喜气地规划他的新猪舍：“这一米宽，也是人行道，也是狗行道。”

农历四月间他搬进新居，守着240平方米的新猪舍和20多头生猪。琢磨饲料配方，是他今年的工作重点。

也是在去年，小常庄有上百人到开发区的工厂打零工，那时候惠文喜的妻子在钢厂做保管员，他自己在钢厂承揽工程，在自家收割的3000斤玉米旁，他和朋友们高声谈笑。一年后的冬日，他家的大门紧锁——夫妻俩已经外出打工了。

开发区似乎一瞬间介入了小常庄，又仿佛在一瞬间退出。它曾经带来沸腾，而今更多的，是隔着国道与小常庄平静对望。

除去框架路新装了路灯，开发区与一年前相比几乎没变化。但乡干部乐观地预测："有几个项目正在谈，明年厂子就像雨后春笋了！至少多七八个！"

出门打工，正给村里带来更多的财富希望，惠文喜、吴全军……从统计来看，外出打工的年轻人从150多人增加到200多人，中老年人则到县城去打零工。建筑队和预制厂是他们的主要去处，因为"城边上的人都做生意去了，建筑队的活没人干，所以能找上"。

这个新的赚钱机会让村民们兴奋，连老会计李冬祥都念叨着："我要是出去，现在一天也能抓上个三五十块钱。"

在这么几重因素的影响之下，村民们的收入是否有变化？问卷调查显示，家庭年收入最高为"1–2万"元，最低为2000元，平均5190元。

在抽样范围内，家庭人均年收入最高为5000元，最低为400元，平均1650元。人均支出最高为2667元，最低为600元，平均1148元。除去医疗和教育，支出的主要构成是："种子"、"化肥农药"和"人情"。

选举，60%到场投票

税费改革引发乡村治理的重大变化，干群关系趋向缓和，公共建设紧迫性日益凸显。

村里的小路，在入冬后的阴雨里依旧泥泞不堪。去年铺了三公里碎石路，今年这个数字没有增加。村支书付军杰解释："(村内道路)没在计划里，要在计划里上面才给钱，村里没钱"。

小常庄的债务还剩下20余万，它所在的古城乡债务存量数百万元。"都是当年建校时欠下的，现在没法子，没钱儿。"

唠嗑着家常，记者随付军杰来到了老惠家，正在忙碌的老惠见村支书进门，听说不是要交钱，显出一副如释重负的神情，打趣说："见了干部，我这心里就一惊。"

付军杰呵呵地笑："现在各家各户自己忙自己致富，俺们也轻松多了。"在农业税取消后，乡村干部与农民的关系，看来也有微妙的变化。

“现在这也不交那也不交了，我看这干部好像也没啥用了。”这是一位村妇私下向记者作的评论。

对于村庄的选举，受调查者中的60%亲自到选举现场参加了投票，40%委托投票。

所有被调查的妇女均未到选举现场，所有被访者的参选方式都是家庭出一人做代表，填写全家所有选票。

最近的一次选举是2005年春天，第五届村委会换届选举，由于河南全省推行村“两委”干部交叉任职、村支书付军杰因此兼任村委会主任，村委由8人缩减至5人。

村人对选举表现出淡然：“选谁还不一样？”“说白了，谁的亲戚多点就谁呗！”

这天上午，付军杰召集村组长开会，传达了三件事：一、禽流感防疫；二、有线电视即将开通；三、配合招商引资，开发区周边不能私自种树、盖临时房。

28名村组长到会。如今，这是村组织“传达上面精神”最常用的形式，也是村组织的象征 。离开会场时，人们念念叨叨：“各家把鸡仔都圈起来，打药！”

虽然对选举并不太关心，但村民对公共产品的需求却很迫切，他们写下：“想喂牛怕偷”、“修路建校”、“希望环境清洁”、“多修路、下雨天不用趟烂泥”。

日常生活中，最让被调查者“担心或发愁的”，60%的选项，集中在“孩子上学负担重”和“家庭经济脆弱”两项上。另外40%的被调查者，选择了空白。

鳏寡孤独：116人的社会保障

支撑乡村社保的基础，仍是最传统的乡土亲情。

2005年，小常庄唯一的逝者是位27岁的年轻人小江。

8个月前一个春天的早晨，小江的尸体在国道上被发现。肇事者已逃之夭夭。

离车祸现场不远，是一座打好了地基的新房，那是小江的梦想之家，现在，新房已搁置下来，新寡的女人终日无欢颜，膝下三个孩子嗷嗷待哺。

因为几个姐妹都在附近，小江媳妇的很多难事得以解决——化肥是姐妹们家里帮着一起拉回来的，三个孩子的衣服是姐妹们不时帮助的。

今年，孩子上小学了，学校只收了80多元，小江媳妇还在纳闷，后来一打听，才知道这是对贫困家庭的优惠—— 孩子得以享受“两免一补”的扶助政策。

因车祸而陷入贫困的，还有傅书金一家，他儿子六年前因车祸伤及神经导致瘫痪。

进门的堂屋里，两张床并排摆着。一边睡着儿子，一边是老两口。

年轻人的嘴里塞着一块布，让他用牙咬住，方便吸涎液。他的眼睛瞪得快要从眼眶里突出来一样，眼光紧紧盯在外来的陌生人身上。

院子里晾晒的依然是一色铁灰的布片。傅书金勉强端出一丝笑容，嘴里不住念叨着：“人家说别的乡有个人也是这毛病，花20万元才能看好。”

事故发生后，他家儿媳很快就走了，留下一个女儿，今年已读到三年级。车祸肇事者早已不知去向，傅书金过去几年里不断在县乡两级奔走，寄望政府能给些资助。

“政府有时候给一袋子面。但其他的事情，政府也没法解决啊。”谈起这些事，村民这样议论。

村里最常见的“保障”渠道，还是依靠亲戚的扶助，年近60岁的老单身汉常文举，一个重要的生活保障就是侄子不时送去的一些粮食。

常文举七年前在田里割草的时候，突发脑血栓，一下子手里就“抓不住一把草”了。

在小常庄，类似这样的独身老人有116名。被称为“老队长”的老人，是其中最困难的一个。

几乎没人说得出他的名字，这个“大集体”时代的生产队长，一辈子没娶妻。他和一个痴傻的侄子相依为命，这侄子不干活，但抽烟、喝酒，甚至将老队长辛苦种下的两三百斤麦子也偷拿出去卖了。

老队长已经87岁了，每天下午还背着耙子去耙些柴禾，一日三餐则“拿馍就点凉水，呼哧吧嗬就那么吃了”。

村干部说：“别的困难户给一袋子面，他家要给两袋子——他侄子能吃啊！”

老队长家里仅有一张歪歪扭扭的木床，两把看不出颜色的竹椅，屋顶上挂着灯泡，但早已断电。

当记者将100元钱递到他的手中，老人颤抖着推让，喃喃念叨：“不要，不要，要是国家给咱就拿，国家才有钱，你个人哪有钱呀！”

“以前五保户由公社供养，现在村里没钱，这些事还真有些头痛。”村干部对此颇为无奈。

另一个让村民们关注的是医疗问题，老村医惠延林在村里行医四十来年了，下午5点他通常要同时接待五六个病号。

四个月大的小吴佳发烧了，惠大夫给她打了一针，再把白色药片研碎，用早已准备好的小纸片按剂量分包起来。这次“门诊”，全过程用了20分钟，吴佳妈妈的花费是2.5元。

诊室是惠大夫家的外屋，他还在门边装了四个排椅，给候诊的人们坐。但通常人们都习惯坐在那两张输液的床上，跟“吊水”的乡亲聊天。液体瓶就挂在房梁上。

惠大夫对即将铺开的农村合作医疗很期待：“开会说是2007年要搞，过去搞过，没坚持住，现在会咋样？咱说不上。如今这些钱，跟当年每人两块钱不能比了。”

哪些年生活最好？

回答：今天

富足与满足，幸福还是不幸福，这是每个人都要思考的问题。

“听说(神舟飞船)9分多钟就能绕地球一圈，是不是哩？”

常文付老两口对此十分好奇，并为此向晚辈常孝峰“请教”——他们瞪大双眼，好奇地猜度：“那不得比火车还快？”“那两个人，那身体得多好？”

谈论“神六”，对村民们来说是个新奇话题，在《南方周末》回收的问卷中，村民们对“去年的国内外大事”，写下了几个答案：“火箭”、“神六上天”、“免税”、“禽流感”。

所有被调查者“业余时间的活动”都是“看电视”，每天看电视时间最多的为5小时，最少的是1小时，平均2.1小时。30%的被调查者表示日常阅读报刊。

所有被调查者对“看的电视节目”的第一答案，都是“中央新闻联播”。

那么村民们对未来一年有些什么憧憬呢？在所有回收的问卷中，“未来一年您和您的家庭有什么愿望？”这个问题，全都被空着。

“您觉得自己的生活幸福吗？”这个问题的答案，也全部空白。

对村人来说，“幸福”这个词是非常突兀的。

“啥？幸福！有啥幸福不幸福的！”

“有吃有喝平时有零花，就行了呗。”至于“零花”有多少就满足了，村民憨憨地笑一下告诉你：“三五十块钱吧。”

谈到新的一年，惠建民说：“当然想多喂几口(猪)，咱现在自己摸出路子来了，可不得看行市？猪价不行就得缓缓。”

李冬祥说：“我还是看中这长毛兔，自己弄了这些年，对路。”

惠建民和李冬祥，是村民中的少数。更多的人在面对“来年打算”这个问题时，只是报以憨实的笑容：“有啥打算？说不上，就照这过呗！”

颇有意味的是，调查显示：认为自家生活在过去一年中“比前一年稍好”的，占了被调查者中的60%；认为“几乎没有变化”的占20%；“比前一年好很多”和“比前一年稍差”的，各占10%。

对于自己的生活和经济状况，70%的被调查者表示“满意”，20%表示“不满意”，10%表示“很满意”。

对于自己的业余生活和本村人际关系，所有被调查者均选择“满意”。

问卷最后有这样一个问题——“到现在为止，哪些年的生活最好？”

所有的答案，全部指向“今天”。

第玖年

这儿与那儿

「有可以不说的真话，决不说假话」——岭南老报人的一句话，被一张报纸拿来实践了25年。话没有什么稀奇，类似的话，康德早说过；意思没有什么稀奇，蒙学阶段就在灌输；修辞没有什么稀奇，比起「知其不可而为之」「先天下之忧而忧，后天下之乐而乐」显得朴素。然而，以之为圭臬，却成就了一张报纸的气象。有人说，是特殊的时代成就了说真话的《南方周末》，此话可能只说对了一半。《南方周末》确要感谢这个奇迹般的时代提供的丰富机会。从民国时期的「厚黑学」到当代的「潜规则」，学者都在阐述对历史的理解，说真话需要足够的勇气。今天，更显真话的珍贵。真正成就《南方周末》的是一份朴素的信念：相信未来，并着手创造未来；珍视真善美，并着手护持真善美。真正成就《南方周末》的是一种咄咄的坚持：扎根中国，深入人民；放眼世界，纯粹新闻。这是理想主义者的执著。其中并没有多少创造，这样的理想主义，不过是中国千年不易的知识分子情怀与操守；这样的理想主义，不过是启蒙时代以来，人类的优秀分子共同的价值与行为取向。但就是秉承这样的理想，使《南方周末》从「服务改革、激浊扬清」到「让无力者有力、让悲观者前行」，从「深入成就深度」「记录时代进程」到「在这里，读懂中国」，25年一路走来，几代报人，薪火相传。成功时有泪水，风雨中常微笑。由此，在《南方周末》创刊25周年时，我们出版这套丛书，并不是觉得《南方周末》做了什么惊天动地的事，并不是《南方周末》有树碑立传的需要。我们只是想通过结集的形式，持续地告诉爱她或恨她的人们，如她那样坚持，在任何时代，都能有这样的成绩，持续地告诉爱她或恨她的人们，不要怀疑历史终将进步，赤诚的新闻人只需着力于本分。

2006年：白鹿镇想变身欧陆风情小镇

■ 向 郢

第九年了，这个小镇街上的特点还是一如既往：生意冷清的时候，老板们就在铺子上架一张桌子，打麻将。

易延容今年夏天曾经回到白鹿镇来避暑，很快又回重庆了。她爱人在那边做工程，她则在家歇着，她嫂子代俊霞说："怀了有两三个月了，都在赶明年，生个金猪儿。"

原来说不想再生孩子的龚文霞也生了个女儿。

12月16日，刚好是龚文霞的第二个宝宝出生第50天。两口子翻了一个星期的字典，决定给女孩取名叫"陈钰叱"，"钰"是神奇的宝石，"叱"就能"叱咤风云"，"不再像父母一样过平淡的生活"。

年底正是报刊收订忙的时候，她经常是麻利地把婴儿捆在身上，边干活边抖肩膀哄孩子。市邮政局下的党报党刊收订任务是一万多元，龚文霞另外又收订了5000多元，今年的任务就差不多都完成了。

白鹿镇与外面世界的通信联系情况跟往年相差无几。进出的挂号信和特快专递一年只有百把封。平信似乎变成了廉价的广告渠道。"一会儿是卖东西的，一会儿是骗你说你得什么奖了，乱七八糟的，"龚文霞很困惑地问，"你说，他们是咋个晓得这些地址的？"

通信联系的主要工具显然从电话变成了手机。43岁的老板罗太兰在4年前开了镇上的第一家手机店，2005年11月才搬到镇政府坡坎下的黄金地段。镇上的3家手机店，只有她家挂了移动营业网点的招牌，所以生意最好。

但煤矿的关闭和黄连的垮价也影响到了她家的生意。罗太兰今年卖出100来部手机和300多张号卡，但更多的收入来源于30多万元的充值话费。铺面的柜台上有一部电脑，是可以交钱就充值的。

“镇上的成年人几乎个个都有手机，有钱就十元二十元地充点，反正没有座机费。”

12月16日，是白鹿镇的赶场天。天色擦黑时分，赶集的人散去，街道上才冷清下来。

在成都市五块石中药材市场做生意的梁秀珍分析，黄连垮价是因为几个主产区突然扩大了种植规模。

在这股黄连种植的热潮中，上届政府显然处于观望态度。在白鹿镇工作近10年的周德顺分析说，“当时的判断是，种得多了，价格可能要垮，所以镇里面的工作报告也只说稳定现有种植面积，提高品质，不敢鼓励引导。”

但这届镇政府却出手了。去年，白鹿镇中药材专业协会挂牌，最大的目的，是想产销直接挂钩，把中间商取走的利润留下来。

就在十余天前，白鹿镇刚好开完党代会和人代会，选出新班子。

前年年底宏盛煤矿事故后新上任的高天成还是书记，镇长调走了，原来的乡镇党委副书记周德顺当上了镇长。

此次乡镇换届，全彭州市一共提拔了10个人，周德顺是其中之一。在去年底丽春镇乡镇党委书记公推直选中失利的周德顺等来了今年4月初的群众推荐。几个符合条件的拟提拔候选人中，只有他票数过半，遥遥领先。这一年多时间，白鹿镇的党委政府干得最辛苦的一件事情就是，动员镇上的8个煤矿关闭。上面给提前关停的煤矿开出的优惠政策是，可以得到30万–50万元的补偿，转产以后还有上百万元的税费优惠。至于镇上，每关停一个煤矿则能得到5万元的转移支付。

煤矿安全就像定时炸弹一样让政府紧张。1996年镇上就出过20人死亡的事故，前年底的19人死亡事故更是让主要领导当即走人，而今年即使安全抓得那么紧，就在8月31日，黄竹林煤矿的顶板垮塌下来又压死了两人。

但白鹿镇至今还有3个产量较大的煤矿坚持着，而高天成得到的行业管理信息是，两个3万吨的要在2007年底前退出，另一个6万吨的也将在2008年底前退出。

也就是说，白鹿镇从20世纪80年代中期一直依赖的资源型经济即将告终。

“我们要找新的出路，”这个从农校毕业，辗转在3个乡镇工作过的镇党委书记只有34岁，他信心勃勃地说，“这正好是我们的机遇，把经济模式从资源型向生态旅游业转变。”

今年夏天暴热的天气把上万成都人突然送到了白鹿镇，已经开业的6个山庄和20余个农家乐家家爆满。9月，镇上特地办了一个农家乐接待管理服务培训班。

除了这得天独厚的气候条件和国家级龙门山地质公园的“青藏高原冰川漂砾”，高天成还十分看好遗存的上书院，“那是西南地区唯一保存完好的欧式建筑群，比成都市和安县新修的欧式风情街真格多了。”

目前镇政府新班子已经做完白鹿镇到另一个乡镇的道路新建工程的可行性报告，这可以使白鹿镇到成都市和彭州市的车程大为缩短。另外，新班子还计划着要请高水准的专家，为白鹿镇量身定做一个欧陆风情小镇的规划方案。

带有浪漫色彩的旅游思路总是容易让人激动。那个最早就学会上网的关沟村支书袁书，也正一门心思地琢磨着恢复白鹿顶百年前的别墅经济。

2006年：成功路开始大拆迁

■ 朱 强

遭受南下寒流的袭击，12月16日，晋江持续着几天来的阴雨绵绵，气温骤降。

傍晚6点，位于福建晋江市安海镇成功中路十字路口旁的“蔡记牛肉火锅店”准时开张。帆布搭起的临时帐篷里摆了几张塑料桌椅，两个食客正在呼呼啦啦地吃着面条。

“吃夜宵的高峰是晚上10点半以后，”火锅店老板蔡燕真说，“很多都是K歌之后来就餐的，成双成对的多。”她烫了卷发，着长筒靴，装扮时髦。

她的老公肖文墨牵挂的则是自己的书店。

在晋江市区新开一家书店，这是在成功路上白手起家的肖文墨的最新计划，为此，他寻找一切机会增加这种可能性——今年11月，“文墨”等三家书店联合《晋江经济报》打造了一个图书排行榜，以扩大品牌影响。

“扩张的关键是选址，”他说，“只要这个问题解决了，我希望越快越好。”

如果这个计划能够变为现实，加上他在水头镇开的另一家书店，就能初具连锁书店的规模，而走出乡镇，融入城市。经营上由薄利多销转入图书规模效益的竞争，一直是肖文墨1997年扎根成功路时的梦想。

虽然经营平稳，但近年不断上涨的租金成了他的另一个心病，从1997年的月租2万元，到去年的5万元，再到今年的8万元，迅速攀升的租金加上不菲的人工费使书店的利润不断摊薄，也增加了进一步扩张的成本。

文墨书店今年年初已经迁入成功中路166–168号，原来的店面开了一家鞋店，二者相距不足50米。

“青春文学与励志书籍依然最受欢迎，但热度也消退得最快，”肖文墨说，“社科类方面由于《品三国》的热销，也带动了易中天的其他作品，比如《读城记》、《闲话中国人》等。”其中《品三国》迄今卖掉大约300本。

“要特别留意飞车抢夺。”蔡燕真多次提醒记者，由于经常营业到凌晨4点到6点，她目睹了多起飞车抢包事件。“太快了，追都来不及。”

安海公安分局局长李亚才告诉记者，对于类似的抢劫事件，他们已经加强了打击力度，并掌握了此类犯罪团伙的作案特点。12月的相关材料显示，安海今年共发生“两抢案”299起，比去年同期少发39起。即使如此，在记者看到的一份12月中旬某日的110出警单上，依然显示有两起飞车抢劫事件。

12月17日，南下的寒流终成强弩之末。

阳光、温暖和周末，重新唤醒了成功路的喧嚣。

成功东路与松熹路交界处，突然出现了一大批操着安徽口音的人，多为中老年妇女，约30个。她们先是聚集在墙根下议论片刻，便急匆匆直奔东南方向而去。

一个李姓妇女告诉记者，她们要参加一个老人的葬礼。

逝者吴老伯，卒年76岁，遗体早晨已经送去火化，接下来要按当地风俗，举行送葬仪式。这批安徽籍妇女的男人多在本地打工，她们则每天在镇内找些力所能及的体力活以补贴家用，参加送葬的礼仪队则是一个劳动强度小、赚钱快的职业，而商业最发达的成功路成为她们在当地淘金的最佳选择。

负责组织此次葬礼的一个吴姓宗亲说，这些来帮忙的人除了能够享用一顿丰盛的午餐外，每人还可以得到10元钱。

就像浙江义乌成为打工者的新宠一样，作为闽南的文化及商贸重镇，发达的民营经济为安海吸纳了大量外来的低廉劳动力。

安海镇的综合经济实力，在县级的晋江市依然名列前茅，据统计，全镇规模以上企业106家，其中年产值超亿元的13家，其机械制造、建材、皮革产业等十分发达，是全国最大的电子玩具生产基地之一，还拥有全国第一家乡镇创办的四星级酒店。到2006年年底，全镇总产值有望达到60亿元，税收达6

亿元。

政府最新的统计数字显示：安海镇目前常住人口为 112513 人，暂住人口为 50393 人，外来人口几乎占据了半壁江山。

据记者观察，成功路在多年的发展中，已经在路段上有了功能的区别，镇政府以北的成功东路段，特别是松熹路到成功东路桥，商铺以建材、餐饮、休闲洗浴业为主；从镇政府右首的第一条路——益安路南段的成功东路起，一直到与成功中路的交界处，通信器材、餐饮、知名服装和鞋业专卖店等鳞次栉比，全镇第一家肯德基快餐店就位于成功东路与成功西路的分界线上，对面就是昼伏夜出的蔡记牛肉火锅店。

由于成功西路与全镇的商业老街中山路距离非常接近，又毗邻安海公园和即将竣工的文体活动中心，因此属于传统的旺铺地段，人流更为密集，集中了更多的服饰和鞋业专卖店。

2003 年开业的乔登美语学校依然扎根在成功东路，但规模扩大了，而且更换了校长。该校目前有 200 多名学生,而且还创办了一个 80 人的全日制幼儿园，“每个班都是满员”，新任校长王文清告诉记者，“乔登在泉州市只在安海和青阳两个镇设立学校，因为经济发达，教育培训需求旺盛。”

竞争对手也出现了，“剑桥英语”今年在成功中路上开班，肖文墨就把他上小学的女儿送到那里接受英语培训。

发展是安海的“硬道理”，这意味着机遇和繁荣。

今年 6 月 25 日，全镇第一个现代化商业居住区鸿塔小区举行了拆迁改造动员大会，正式拉开了安海旧城改造的序幕。据悉，镇政府将以此为突破口，逐步推进恒安旧生活区、龙山小区等区域改造，打造宜居的现代“安海城”。

8 月，安海镇第四轮总体规划修编出炉并向社会各界征求意见，并将安海规划确定为晋江中西部发展中心、现代化工贸城镇、历史文化名镇。

当地媒体已经开始用“安海镇五年后变身安海城”、“安海城呼之欲出”的标题憧憬安海的未来。

可如果规划变成现实，肖文墨是选择把书店开进市区呢，还是在成功路上再创办一家新的连锁店？

2006年：小常庄农业税减免第二年

■ 徐楠 傅剑锋

种粮亏损的局面得到扭转

乡里的农业税征收大厅，卷闸门一拉到底，彻底挂上了大铁锁。

这是减免农业税的第二个年头。但63岁的吴晓亭发现：涨价，几乎与免税和补贴同时到来。

“100斤尿素，以前70元，现在要110元，100斤二氨，原来90元，现在涨到了150元。”粮食直接补贴、良种补贴、生产资料补贴，全部加起来，一亩田的最高补贴将近50元，低的也有20元。“可每亩成本高了大几十块。”

六十出头的农妇利新华说：“雇收割机收一亩麦子，今年要35-40元了。”工价普遍涨了。现在盖一座两层小楼，要将近十万元。两年前，这个数字还是六七万元。

这一切的直接背景，是生产资料价格的普遍上涨，再向上追溯，是国际能源价格的波动。这对吴晓亭和利新华来说，是远在天边的事情，可当他给农资贩子掏出皱巴巴的、金属线几乎已经脱落的血汗钱，他们还没有意识到：他们的生活已经不可避免地被卷进世界市场这架庞大的机器。

利新华从来不敢把仅有的不到三亩地全部种上同一种作物——“那行情要是瞎了，俺们连西北风都没得吃了。”

她和老伴的生计来源是两亩三分责任田，今年打出1500斤小麦，以每斤六毛三分的价格卖给了收粮贩子。她不知道，5月国务院宣布了今年对粮食实施最低保护价收购，三等的每斤能收到六毛九分，一等的每斤能收到七毛三分。

唐河县粮食局局长陈德贤说："今年粮价放开以来，这是国家第一次实行保护价收购，中央财政投入了50-100个亿。如果不托市，搞不好会落到五毛八分左右。"

但利新华不爱看新闻，也没有人上门向她解释这一切。老两口住了近40年的小院远离大道。冬日的暖阳下，他们在院子里叹息："七毛多哩！"

语气里甚至没有丝毫抱怨，这么多年来，他们早已习惯了这样的惋惜。

种粮亏损的局面得到了扭转，这是变化；但农业种植的普遍低效益、农民在价格体系中的绝对被动，依然故我。

耕地紧了，土地俏了

在小常庄，杨炳新已经不怎么关心粮价了，尽管在八年前，他是杨户自然村最穷的一个。

10亩雪松改变了他的命运。雪松的背后，是他在县教委分管园林基建的叔叔杨国奇。1998年，杨国奇到江苏出差，他看到了华东城市的快速扩张，听说政府需要采购大量苗木。

没有耕地的杨国奇，怀揣2万元，找到了没有本钱的杨炳新。叔侄俩签了一纸合同，完成了资本和土地的结合。

五年后，合同终止，杨炳新赚得20万元，杨国奇获得30%的回报。他以类似的模式入股或投资了近1000亩苗木。

2004年，开发区建厂占地的补偿，是每年每亩350元，今年，已经是700元了。人们在议论："手里这点地，可要攥紧了。"县林业局曾经有位科长带了投资商来，想成片发展风景树。最后失望而归——杨炳新站在地头顺手一指："这一片至少是几十户的地，一家一家谈下来，哪一家都不容易。"

土地是越来越"俏"了。有了补贴，就算不种，也不至于亏本。所以，几乎没有人愿意出租自家的土地。

今年，杨炳新以每年每亩250元的价格，从两家农户手中租到3亩地，"可费了大力气了，这还是关系好的呢。"

加上这两块，他的10亩耕地分散在六个地方，最远的相隔两里。村里早已没有机动地，杨炳新想要扩大种植，已是难上加难。

2006年，农民专业合作社法获得审议通过。但是耕地紧了，土地俏了，这是变化；但作为基本生产资料的土地依然极度分散，早早封住了效益增长的空间。

农信社改革依然在过关

杨炳德笑着说："早些年他(杨炳新)光找我贷款了。"

杨炳德是小常庄20年的农信社代办员。他说：1996、1997年那几年贷款还比较多，全村每年十来万元的样子。到了今年，只贷出去了一万多元。

从1986年到1996年，杨炳新年年通过他这位远房兄弟办理贷款——买拖拉机、买耕牛、买种子……

但是如今，向农信社贷款的程序是：担保，需要五户联保；抵押，则要房产证、汽车或者存单。杨炳新就是具备这样条件的农户，但他已经不需要贷款了。

惠建民就完全不同了。2006年，他的20多头猪只产下30头猪仔，正常情况下，20多头母猪起码该下100多头猪仔。兽医也说不清是什么毛病。老惠一憋气，老胃病又犯了。

他是惠洼有名的"干家儿"，养了二十几年猪，饲料配方都是"独家秘方"。2004年，他专门包下200多平方米的一块地，亲手搭了新猪圈。他的新家就盖在猪圈旁边，寒冬腊月天，夜里也要到圈里去看看。20多头猪，是他全部的心血。2005年行情不太好，他咬牙挺着，全凭养猪名声响，在饲料商手里赊到了账。

如今，两三万元的债务，让他在这个暖冬里阴冷地枯坐着。

他想贷点款："能给我一万元就行，明年我就能翻过身来。"

但是他已经很难符合信用社的贷款条件。村支书付军杰曾为一个农户担保了5000元，现在倒成了自己的债务，于是再也不敢做这样的担保。

"前些年的贷款，还不上的太多，"古城乡农信社一位工作人员说，"现在要是谁家老太太脑血栓，说看病要花3000元，这个款肯定不能放，因为他没有偿还能力。"

早在2003年就提上议事日程的农信社改革，今天依然在艰苦地过关。

作为村集体,小常庄至今欠农信社近100万元,“早年修学校、铺路、买树苗，没钱就贷款，干部换了，还能找谁还账去？”20世纪90年代末期，所有的村镇都在兴办乡镇企业，农信社大量放贷，“那时候全是政府干预，这是农信社最大的历史包袱。”

农信社开始改革了，唐河一个县一年就甩下2000万元的历史包袱，这是变化；然而农信社毕竟已经在商业银行的路上走出很远，农民越是没有抗风险能力，就越是无处融资。

这一年，机构改革使古城乡政府由298人缩减到87人，乡党委、政府大院一下子空荡荡的。小常庄唯一一名进入乡政府的年轻人，也被精简了。“在县里打工面子上抹不开”，于是去了附近的高速公路工地，“卖体力。”

第拾年

这儿与那儿

「有可以不说的真话，决不说假话。」岭南老报人的一句话，被一张报纸拿来实践了25年。话没有什么稀奇，类似的话，康德早说过；意思没有什么稀奇，蒙学阶段就在灌输；修辞没有什么稀奇，比起「知其不可而为之」「先天下之忧而忧，后天下之乐而乐」显得朴素。然而，以之为圭臬，却成就了一张报纸的气象。有人说，是特殊的时代成就了说真话的《南方周末》，此话可能只说对了一半。《南方周末》确要感谢这个奇迹般的时代提供的丰富机会。从民国时期的「厚黑学」到当代的「潜规则」，学者都在阐述对历史的理解，说真话需要足够的勇气。今天，更显真话的珍贵。真正成就《南方周末》的是一份朴素的信念：相信未来，并着手创造未来；珍视真善美，并着手护持真善美。真正成就《南方周末》的是一种咄咄的坚持：扎根中国，深入人民；放眼世界，纯粹新闻。这是理想主义者的执着。其中并没有多少创造，这样的理想主义，不过是中国千年不易的知识分子情怀与操守；这样的理想主义，不过是启蒙时代以来，人类的优秀分子共同的价值与行为取向。但就是秉承这样的理想，使《南方周末》从「服务改革，激浊扬清」到「让无力者有力，让悲观者前行」，从「深入成就深度」「记录时代进程」到「在这里，读懂中国」，25年一路走来，几代报人，薪火相传。成功时有泪水，风雨中常微笑。由此，在《南方周末》创刊25周年时，我们出版这套丛书，并不是觉得《南方周末》做了什么惊天动地的事，并不是《南方周末》有树碑立传的需要。我们只是想通过结集的形式，持续地告诉爱她或恨她的人们，如她那样坚持，在任何时代，都能有这样的成绩；持续地告诉爱她或恨她的人们，不要怀疑历史终将进步，赤诚的新闻人只需着力于本分。

从1998到2007，十年

■ 曹筠武

这十年间，中国发生的变化不可估量。我们身处变化之中。

在中国的版图上，我们随意地在中部找了一个村，西部找了一个镇，东部找了一条街，开始了我们这十年间的一项工作。每一年，我们都在相同的时间段回到相同的地点，详细地记录下那里的地方模样，那里人的衣食住行，生老病死，所思所想及荣辱沉浮。我们想通过社会最基层的细胞，管窥转型中的中国之变。

这镇，这村，这街，不是什么典型或者先进，它们是中国最普通的几个地点，是中国最普遍的几种社会形态。唯其如此，我们费时十年所记录的，是一段有意义的历史，是最真实的中国人的故事。

随着我们的采访，随着您的阅读，中国在发展。

当年的记者，已为人妻，已作人父，有的已离开南方周末，有了新的成就。我们在采访这三处地点的同时，特约请第一次踏上“这儿与那儿”的他们，写出自己感受中的乡土之变。

2007年：白鹿镇迎来大学生村官

2007年12月22日，冬至。而白鹿镇的冬天在更早的时候就来了。

按照老辈人的习惯，这一天要吃“九大碗”和羊肉汤以抵御寒气。所谓“九大碗”，就是鸡鸭鱼肉用土瓷大碗盛了摆满一桌，这山里吃粮食而不是吃饲料长大的猪仍然是人们的骄傲，而一锅在冬天寒冷空气里沸腾的羊肉汤更是必不可少。

对飞涨物价的抱怨

比低温更让白鹿镇居民们难以抵御的是这一年来持续升温的物价，这成了饭桌上人们讨论的主要话题。对此有切身体会的是十字路口饭馆老板舒崇能，他经营多年的小面馆已经成了镇上居民聚餐首选的“大馆子”，这一年的生意却是越来越不好做了。

猪肉6月开始涨价，到年底已经从6元一斤涨到了12元。活鸡卖到6元一斤，洗剥干净的则要7元5角，这差不多比年中贵了三分之一。最让舒老板手忙脚乱的是七八月，肉价一天一个价，那些天他一直生活在永远不知道明天是赚还是亏的不安中。

“饭馆不好做了！”舒崇能以权威的口气在饭桌上宣布，但同时有人抱怨他把面条的价格也从两元一碗涨到了三元一碗。

涨价是普遍的，易延容家的美发店就开在舒老板的“大馆子”斜对面，易延容的嫂嫂是美发店的老板，她把“洗剪吹”的价格从3元涨到了4元，烫一次山外的流行发型以前是30元，现在收费40元了。在这个冬天，从维持内在饱暖到提升外在形象，人们都必须付出更高的代价。

但她仍然觉得入不敷出，这个小镇上的“时尚沙龙”一向是镇上时髦女性们的聚集地，女人们围坐在一起，话题从美容到各自的丈夫，她们的中间从早晨到天黑都烧着一只旺旺的炉子。即便煤的价格都让美发店难以承受。

对于白鹿镇居民来说这是紧紧巴巴的一年，十年了，白鹿镇从一条街变成了两条街，多数的房子都经过了翻修，商铺越开越多，从闭路电视和无线通信等方面来看，这个深山小镇上人们的生活渐渐与100多公里外的成都没有什么差别，但突然飞速上涨的物价在这一年令小镇居民感受到市场经济除了带来福祉以外还存在着无常变数。如今，“通货膨胀”这个词，比往常任何时候都令这些平均文化水平为初中的小镇居民印象深刻。

饭桌上的话题从对物价飞涨的抱怨逐渐转移到镇上的大事，村委会直选就要进行，而舒老板仍然是话题中心，他的儿子，那个当过兵，又曾经开面包车载客“赚了钱”的舒新江，就要竞选白鹿场社区的村委会主任了。

舒新江个子高大，嗓门洪亮，在镇上居民看来他显然既见过世面又年轻有为。他在频繁地敬酒，男子汉的豪气在这个川西小镇被视为领导能力的重要组成部分，舒新江本人也因这些与他干杯的选民对他的支持而信心十足。

而投票选举，就在明天，冬至后的第一天。

煤矿和黄连

回水矿是白鹿镇剩下的最后一个煤矿了，鼎盛时期镇里每个村都有自己的煤矿，年总产量达到30万吨。载满煤炭的卡车络绎不绝往返于白鹿镇与山外的火电厂之间，进山的路总被压得破烂不堪。

这样火热的景象将一去不复返，成都市2007年加强了关闭小煤矿的力度，“领导的决心很大”，镇党委书记高天成说。按照通知，年产3万吨以下的煤矿都必须关闭，成都市给出的最后期限是12月月底。回水煤矿年产6万吨，这成了矿主兼回水村村支书朱熹东拒绝关闭煤矿的理由，回水矿也成了白鹿镇唯一一个还在生产的矿井。

在过去的十年，煤矿业是白鹿镇当仁不让的支柱，煤炭带来的利润让进山的土路变成了柏油公路，挖煤挣工资也成了山里几乎所有村民最重要的经济来源。白鹿镇上越开越多的饭馆、茶铺和杂货店，都仰赖于煤矿业带来的人气和消费能力。拜煤矿业所赐，这个深山里土地稀少的川西小镇不仅养活了自己的居民，还给大量的外地人，主要是云南矿工，带来了工作机会。高峰时这山里容纳了上千来此打工的云南人。

黄连曾经是白鹿镇除煤炭以外最重要的出产品，在2000年左右，黄连达到过200元一公斤的高价。高额的利润令黄连商人发了财，也让种植户们蜂拥而上。供求关系如无形的大手将企盼盈利的白鹿人高高抬起又重重摔下，如今黄连的价格低到了谷底，能卖到50元一公斤就算撞了大运。

镇政府曾经组织了一个黄连协会，“寄希望于集约化经营”，镇长周德顺说。

但村民们微薄的资本在市场洪流中仿佛飘摇一叶，无济于事。黄连协会早就名不副实了。

经济支柱的倾塌令白鹿镇居民感同身受，他们的商铺生意日渐冷清。杂货店老板王思文的生意收入“也就维持一家生活”，往常他的店铺一年营业额能有将近20万元，2007年估计10万元出头。

在计划经济的残余最终消失之时，王思文花20万元从倒闭的镇供销社手里买下了如今这两间铺面，这么多年来他一直认为自己做了个好买卖，直到2007年营业额直线下降而成本直线攀高，他才认识到自己不过刚刚开始学习市场经济。“这是市场规律，我们必须想办法适应”，这个小学毕业生有感触地说。

现在，无论愿意与否，白鹿镇都需要寻找一条新的前进轨道。镇党委书记高天成给出的解决方法是发展旅游业。这个41岁的基层干部如今开始认为，尽管关闭煤矿会让年终经济数字很不好看，尽管大批的村民可能将因此失去最重要的经济来源，但“可持续发展才是绿色的和民生的”。除了煤炭和黄连，他还剩下最后一张王牌——100年前法国传教士留下的天主教神学院和山里延续了一个世纪的天主教传统。

神学院于1908年由法国神父洪广化建成，由大理石和木材构建的建筑群坐落在山峦环抱之中，教会的双塔和中国式的四合院在这里堪称天衣无缝的结合。当然如今只剩下残垣断壁了，但站在弧形优雅的回廊里把目光投向礼拜堂前冬日阳光下的开阔天井，你仿佛仍然能够听到一个世纪前虔诚的青年修士走过青砖地面的回响。

镇党委书记高天成构想以神学院为中心，辅以青山绿水——他坚信煤矿完全关闭后环境会更为优美——把白鹿“打造成为法式天主教风情小镇”。他比较过成都周边的风景区，青城山一向是城里白领们的消暑胜地，但那里的别墅已经卖到和成都市内差不多的价格。“我们这里海拔更高，夏天气温更低，天主教文化的吸引力不会输给道教，”他说，“关键的是，我们的房子价格肯定更低。”

参加选举的大学生

冬至后第一天，清早6点，小镇刚刚苏醒，冬天的薄雾还没散去，三年一届的村委会换届选举开始了。

这对于23岁的大学生蒋莲来说有着特殊的意义，这个外形清秀的姑娘于去年大学毕业，她考取了成都市的“一村一大”(一村一个大学生)工程，回到家乡白鹿镇工作——她的父亲蒋友清在镇上开了间茶铺。

蒋莲此前任白鹿场社区村主任助理兼团支部书记，她还要负责村里的远程教育和计划生育工作。她报名参加了2007年村委委员的选举，并进入了三进二的最终直选。大学学历是她最大的优势，而年龄和在村里的辈份则是绕不过去的劣势。“另外两个候选人都是在村里工作了好多年的”，蒋莲分析，一个本来就是上一届村委委员，另一个是镇上“避暑山庄”的会计，相比蒋莲，他们的工作经验胜出太多，对于村民来说，“他们关系太熟了”。

挑选出来的“大家信得过的”工作人员三人一组，拿着选票和票箱挨家挨户让人投票，白鹿场下辖11个生产小组，在山里分布甚广，举行投票集会不太现实，镇里灵活处理成了流动票箱上门投票。

45岁的龙禄位率领一个投票组负责白鹿镇街道，他们从一个铺面到另一个铺面，龙禄位不得不跟选民们挨个解释，“前面是选村主任，两个选一个；后面是选委员，三个选两个”。大多数选民认真而慎重，尽管很多人并不熟悉所有的候选人，但他们仍要斟酌选出“能给我们办事的人”。

源于西方的民主选举在这里被加入了浓厚的东方家族式色彩，龙禄位经常要这样介绍选票上的名字：“舒新江娃儿，就是饭馆老板舒崇能的儿嘛！”或者是，“蒋莲，蒋友清的女嘛，你们看着长大的！”

街坊们大都信任他们看着长大的“蒋友清的女”。杂货店老板王道翠在蒋莲的名字下面画了圈，她认为蒋莲“从小就乖”，此外大学生的招牌在这个小镇还是很吸引人的。

中午11点，11个投票组都回来了，在白鹿场社区办公室里，计票立即进行，戴着狗皮帽子德高望重的老人被请来统计选票。在这里，年轻的候选人蒋莲立即成为了老人们的服务员，他们会毫不客气地喊：“幺妹儿，去把茶倒起！”

蒋莲的预计是正确的，舒新江以1022票高票当选村主任，她最终获得471票，而另两名候选人分别获得699票和999票，她落选村委委员。她只是有些遗憾："山里的村民都不认识我，当然不会投票，工作两年就会好很多了。"村支书杨文敏也在安慰她，他说要发个洗脸盆给蒋莲，让她拿回去接泪水。蒋莲终于被这个玩笑逗得笑出声来。

选举结束后聚餐再次进行，越是临近新年，按照传统四川人就越喜欢把所有的事情都开始或结束于饭桌。连村里的外来户、年中才租下白酒铺的湖北老板饶增明和他的湖南老婆也在邀请之列，他感受到这个镇子对他的热情接纳，显得异常高兴。新当选的村委会成员们满脸喜气，舒新江号称"要跟每个投了他票的人干一个"。他宣布，在任期内，他要为村民把新引进的猕猴桃种植搞起来，"找一条绿色经济的发展新路"！

人们非常满意他的当选演说，在这个萧条的冬天，当十年以来白鹿镇终于站在艰难的发展节点之上，这样激动人心的话听来分外温暖。这造成了新一轮的觥筹交错，白酒铺老板饶增明三岁的儿子被周围的喧闹吵得有些害怕，这个湖北人和湖南人的后代，现在已经可以用正宗的四川话问："爸爸，这是哪里哦？"

这里是他们与之共度一生的地方，在这里生活如同厚厚冰面下的流水，无声而缓慢，但持续流淌，在各式各样的外力和内力结合之下，终有冰面裂开激流喷涌的一天；这里是川西的一个镇，白鹿镇。

白鹿镇的礼物

■ 沈　颢

我正在去白鹿镇的路上。

十年前的今天我刚从那儿回来，十年后的今天我刚刚启程，十年之间似乎只相差了一个星期，两张周报的时间距离。

从广州到成都，从成都五块石车站坐上慢车，到彭州，再坐上更慢的车，到一条通向山里的公路的终点站，在一个简陋但是传出圣乐合唱的教堂门口下车，然后就会听到对面杀猪场蒸气腾腾里传出的熟悉的惨叫。

就是它了。十年前，在下车的一瞬间，我们就建立了一种美好的关系，一个热爱乡土中国的记者，一份传递本土价值观的报纸，和一个在未来十年被不断挖掘出各种故事的小镇。

对于我来说，它就像一个朋友，偶然认识，但又似乎非常熟悉，无论是难得的见面，还是从别人那里听说到它，总是充满了一份亲切与期待。

《这儿·那儿》，当我确定做这个选题的时候，我和那个时期的优秀同事约定的时间是十年。无论如何，十年的样本对于以记录中国为使命的报纸来说，也只是一个基础。

但对于一种感情来说，它显得醇厚而无私，十年足以在这种关系中投影出自我的期许，以及对光阴的态度。它是人生的一件礼物。

因为截稿时间的关系，我未能及时记录下自己看到的十年后的白鹿镇，但这样也好，十年的若有若无的挂念，我担心自己已不能准确而客观地描述它。

没有了工作任务的压力，就当去看一个朋友吧。

或者，是去看十年前的自己。

去唯一的小街上漫无目地数一数人头，去盯着唯一的邮箱发发呆，去教堂里听听那些五音不全的村民用四川话唱圣歌，去河边试一试冬天的水温，去看看打铁的小屋四溅的铁花，去一户人家里喝一杯用山上的树叶泡出的茶水……

或许，这一切都还在吧。

想起昨晚听到的老歌："让我再看你一眼，看你那含着泪水的眼。"

白鹿镇十年志

■ 孟登科　苏永通

1998 年

易延容，白鹿镇唯一的邮政代办员，她每天的工作就是守着全镇唯一的邮箱，然后等着。

啤酒乐园这几天把全镇上的五六家茶馆全打败了，小小的近 30 平方米的屋子里有近百人在投注。

1999 年

易延容还是穿着去年的红色风衣在周围的一些铺子里玩。

除了去年仅能收到的成都的 188 台与 126 的传呼机信号外，手机开始通行无阻。

2000 年

易延容见到我们就笑了。8 月 10 日，彭州市邮政局给只有她一人的邮政所颁发了“2000 年报刊征订工作先进集体奖”。

从 7 月开始，成都的地质专家一批批来龙门山考察，乡上的干部说龙门山正申报世界自然遗产，并准备建国家地质公园。

2001 年

易延容的头发刚染过，黄中带红。随着电话逐渐普及，进出白鹿的信也越来越少。对她最大的压力是卖圣诞卡、贺年卡。今年 4 月 16 日，龙门山国家地质公园终于批下来了，这意味着白鹿镇将有一个美好的未来。

2002 年

易延容见面就说“我来晚了，没能赶上场天的热闹。”她的婚姻今年有了眉目，但结婚“还没想好”。

镇里提出“旅游强镇”的发展目标，关停小煤窑的呼声愈来愈烈。

2003 年

易延容的邮政代办点搬家了，问起她的婚事，她笑而不答。乡亲们说，易延容的穿着明显提升了一个档次。龙门山国家地质公园项目开发正式启动，白鹿镇的旅游经济已经开始萌芽。

2004 年

易延容决定另谋出路了；她的婚事一直拖着，何时完婚？29 岁的易延容依旧笑而不答。

过去几年，黄连给农民带来了财富，但今年不行了——黄连的价格从去年的七八十元一斤降到了二三十元一斤！

2005 年

易延容因为自己的茶馆经营不善，挪用了 2000 多元订报款。镇政府和邮政支局研究决定，将易延容除名。易延容远走他乡。

在阴冷的寒冬，白鹿镇人感受着黄连跌价和煤矿关闭带来的萧条。

2006 年

易延容今年夏天曾经回到白鹿镇来避暑，很快又回重庆了。她嫂子代俊霞说：“怀了有两三个月了，都在赶明年，生个金猪儿。”

白鹿镇从 20 世纪 80 年代中期一直依赖的资源型经济即将告终。

2007年：成功路上涨涨涨

这 10 年，成功路有什么变化？

很少有人能具体说得上，一般人的印象是，“倒了很多店，开了很多店。”

生意才是永恒的主题。对于许多商家而言，圣诞节跟五一、十一没什么两样，仅仅是做活动的时机。

益民电器城摆出一列冰箱做促销。“人家搞我们当然也得搞。”老板陈永平说。电器城大楼是本地最大企业恒安集团的旧部，对面正好是工商银行和农业银行，这个风水之地陈老板颇为得意。

对岸的南安市水头镇，国美已经开了店，虎视眈眈。陈永平并不担心，他的生意经是：在安海这样的地方做生意，主要是做人，再大的品牌店进来都未必能做好。

到沃尔玛去！沿着最繁华的成功路、海八路，每天，免费的班车来安海接送消费者，八十多岁的老高也兴冲冲上车，“东西又多又便宜。”

涨，一路涨！

这是成功路2007年的关键词。

文墨书苑60平方米的店面，每个月店租7000多块，一年9万多元，得一次性支付。“罪魁祸首就是成功中路上的品牌店，”老板肖文墨很头疼，“该死的店租。”1998年，他全年的店租总共26000元，十年后，这只够垫付3个月的店租。

自2004年那次修路，成功中路的店租连连攀升。“唐人街”陈老板承认品牌服装店抬高了店租，而自己也受了害：“去年7万多元，今年12万多元，赚不到钱了！”

生活费也贵了。“华中希望读书社”的老板娘闵敏抱怨，光11月，电费每度从5毛2涨到了7毛，水费每吨从10块涨到15块，煤气费也涨了两成。

2007年初，价格突然飙升。而前九年，菜市场价格一直相对平稳。1998年底，瘦肉8元/斤，排骨8元/斤；2006年底，猪肉8–10元/斤，排骨最高10元/斤，大骨3.5元/斤；2007年12月27日，瘦肉13元/斤，排骨14元/斤，大骨7元/斤。

猪肉师傅林自霖2006年一天卖两头猪，现在一天能卖完一头算不错的了。

对于物价，安海镇党委书记朱永远还停留在“猪肉7块5角”的印象中，他说他更熟悉当地的房价和恒安股票的市价。

2007年9月，肖文墨也入市了，遗憾的是他的股票被套。他的店里，以前基本卖不动的股票书，现在销路紧俏。

农业银行工作人员王先生说，2007年初，成功路上的四家大银行都出现排队买基金的人群，提着菜篮子的老太太更侃起了股经，这是十年前想都不敢想的事。

倒闭，开业，易主，成功中路主旋律

“战狼世家”服装店东边的铺子正在装修，一个旧时装品牌被抹去，又一个新品牌要在春节前开业。“唐人街”贴出大字报：本店已转，要钱不要货；Pasaco正在“换品牌，最后清场”。

不到500米长的成功中路，十年间，店铺几经洗牌：1998年，一家家美容美发店鳞次栉比；2000年，彩票店曾风靡一时，2001年发展到12家，2002年旋即被六合彩刮倒；茶庄自2001年兴起，也开始转移阵地。

而2004年修路后至今，昂贵的店租也挡不住品牌服装店和品牌手机店的入驻，新的老的前赴后继，而且有不断扩张的趋势：金莱克、特步、安踏、鸿星尔克、柒牌、贵人鸟、德尔惠、乔丹、Kappa、Adidas、耐克……中国移动、中国通信的指定品牌店一家挨着一家。

成功路也越来越单调。中路南侧78家店铺中，有33家服装店，6家手机店。1998年的成功路，各种店铺一应俱全，五金店、小吃店、服装店、彩票站、杂货铺、药店、茶庄……

成功中路商铺的数量，2000年237家，2007年153家——一个商铺现在至少两个门面，商铺少了，竞争却更加激烈。

十年老店，变与不变

高音喇叭，闹。这几乎每家品牌服装店都有，不同风格的音乐声此起彼伏一直到晚上11点。

寸土寸金的成功中路上，“幸免于难”的老店铺越来越少。文墨书苑、清远食饮、泉州10418彩票站，三家相隔不到20米的邻居商铺，加上永丰酒行和历史最为悠久的展雅烟酒轩，成功中路上十年以上的老店仅剩5家。

体育彩票店，老板许婷婷熟悉地和每个进来的彩民打着招呼，这是成功中路上唯一幸存的彩票站。

凭着8年内5个特等奖的金字招牌，许婷婷有着稳定的客源。2007年12月23日中午12点后的10分钟时间里，一共有13位彩民买了彩票，最少的4元，最多的20元。

在许婷婷看来，现在的彩民比以前理智，大多数人买彩票都是10元、20元，而几年前动辄买四五千元的冲动彩民不在少数。"细水长流"对彩票站也是好事。

一墙之隔的"清远食饮"是成功中路上最老的一块招牌。十多年来没换菜品，这家小饭馆的菜干咸饭和蒸汤在当地颇负盛名，最大的变化是，蒸笼被电蒸箱取代了。每天的营业额稳定在两三千元，附近店铺的老板则认为，绝对不止这个数。

治安，一块心病

最让人揪心的依然是治安，十年来，"两抢一盗"一直是成功路的心病。

2007年，彩票店许老板丢了两台摩托车。尽管装上了监控器，肖文墨的书店一个月内被光顾两次，精明的窃贼用衣服蒙上了脸。现在，肖文墨在铁门上又加了两把锁，底下焊上一根钢条，仍不放心。

地摊老板施及时曾亲眼目睹过一次飞车抢劫，"一转眼，钻进巷子就不见了"。陈永平则饶有经验："拿包的都是外地人。"晚上11点，只有外地来的摩的司机还在揽活，"本地的不敢出来，怕摩托车都被抢"。

据安海镇派出所统计，2007年1月至11月辖区内共发生各类刑事案件1166起，两抢案件293起，盗窃机动车602起，比2006年上升了5.8%，派出所的负责人告诉记者："'两抢一盗'依然是明年的工作重点。"

这个有着49名警员的派出所，规模庞大，早在1996年就在全省率先设立了镇级110报警服务台，镇区范围内实行24小时巡逻，但在频发的"两抢一盗"面前警力略显不足。

警员洪荣宗告诉记者：绝大多数"两抢一盗"都是外地人所为。安海全镇17万人口中，本地人和外地人的比例达到了2：1。但河南籍摩的司机赵速运不同意，“本地人也抢啊”，现在安海治安不好，外地人都不敢来了。

流动的摊贩，傍晚上街。地摊游击队，光安海公园门口就有四五家。东路与中路路口，几大车“天津大麻花”的小贩在大声叫卖。

十多辆摩托车在安海公园门口排成一排。摩的现在是安海最便捷的交通工具。1998年，安海最流行的交通工具是“港田三轮车”，2006年被取缔，强制解体报废。

32岁的摩的司机颜荣兼被抓过两次违章，每次罚款200元，扣车一个星期，“少赚多花，要损失1000元”。

摩的司机绝大多数是外省人，颜荣兼抱怨竞争压力大。

派出所统计的2005年外来人口比2004年翻了一倍，一个警员悄悄告诉记者：这几年外来人口的统计有水分，因为办暂住证要收5块钱，上面有指标，所里把指标下达给各个片区，怎么完成任务就看各片区自己各显神通了。

工厂已经不是揽活的好地方。以前颜荣兼经常跑工业区，但现在许多厂倒的倒，搬的搬，“工厂一搬走，一下子就少上千人”。

老干部们有时候也会谈论起本地的经济发展：“十年间，如果和陈棣相比，都觉得安海落后了。原来一枝独秀的玩具业，现在没落了。以前是广东学我们。”

成功路上最近流传的一夜暴富的新闻，都跟“炒”有关：炒股和炒地皮。以往致富的榜样，则跟办企业有关。许连捷创办的恒安集团，十年来一直是第一纳税大户。

置房，不是炒房

2007年，安海有了严格意义上的商品房——鸿塔小区，这个本地第一家手续齐全、规划完备的现代住宅，报名时当地人趋之若鹜，实际付款的却不多。

安海镇之前的房屋绝大多数为个人所有，包括成功路上的房屋。

9月，肖文墨也去看了房子，他想要个18层的。“每平方米5600元！”价格与晋江市区差不多，“安海又不是上海！”他愤愤地说，“你看我做生意也赚几个钱，都买不起，谁还买得起？”

农业银行的王先生也觉得起价4000多元离谱：“都是靠吹出来的。”

安海第一个小区——宝龙豪苑2004年卖的时候，每平方米售价为1900元–2000元。

2005年,政府决心要把“安海镇”变成“安海城”,拆旧城和建新城同时进行。政府为了鸿塔小区的拆迁费了很大力气。

靠近镇政府的广告牌，南安石井的房子在这儿打起广告：1/4厦门房价，1/3泉州房价……

镇党委书记朱永远认为置房是安海人的传统习惯，而不是为了炒房，“这也是安海让人看不懂的地方”。

颜呈迎的故事

说起年纪，他就一直笑。今年55岁的颜呈迎，在10年前就因为一头花白的头发，被本报记者误会为67岁。

颜呈迎十年生活如旧：早上六点开门，天黑关门。

闲暇的时候，他就躺在塑料躺椅上，那台17英寸的彩电也还在，已经陪伴了老颜二十多年，看电视是他唯一的消遣。电视节目锁定“华视”，正在播放“机车皇后总决赛”。他只看台湾的电视节目，“都讲我们的话(闽南语)”。其实，老颜已经能说一些普通话，十年前，他根本听不懂。

来自贵州的何祖兴推着妻子的自行车来补胎，外胎也坏了，总共22元，与老颜讨价还价，20元成交。但老颜说，他也赚不了多少。“轮胎、废铁都起价(涨价)了一半。”他说。

车铺的对面，正停着一辆S350。“肯定是本地人的。”现在，自行车逐年在减少，打工仔也都骑摩托车上班了。老伯的生意明显不如以往。但还好，收入基本维持稳定，每天至少仍有二三十元，一个月一千来块。

颜老伯这辈子注定和自行车打交道：年轻时蹬自行车载客，学会了修理技术。然后，他在这处祖屋的小铺里，修车就修了二十多年。

邻居都很佩服他，一把修车的手艺能让四个孩子都上了学，实属不易。老伯现在可以好好安享晚年，但他却不闲着。“劳动才会这么健康。”

十年前，他还有三个孩子在上学。现在，两个女儿已经结婚生子，28岁的儿子在石材厂打工，小女儿在厦门工作。

老颜没去过厦门，他想，“去了总不能不买东西，那又得花一千多块。”老颜去过最远的地方是福州，十多年前的事情了；年轻时载客到泉州市区，三十多年没去过了。

依靠他的节俭，2001 年，他盖了新房。但第二年，他就把没住过的新房出租出去了。老两口至今依然住在自行车铺楼上十来平方米的屋内。

今年过完年，他还准备装修第三层楼，估计需要十万元。前几年，愣是靠自己的一双手敲敲打打，两个女儿出嫁都有八九万元嫁妆，三十多桌酒席，在这个讲究排场的镇上也算是过得去了。

他的支出和十年前基本一样：抽的依然是 4 元一盒的牡丹，分两天抽，只不过十年前卖 3.5 元；午餐依然简单，稀粥、菜脯和豆豉，“不爱吃肉，当然肉也贵了”；每个月固定的 5 元理发。

他依然很少出门，到亲戚家串门都很少，“不想去玩，赚一点钱比较好。”

肖文墨的故事

在成功路的店铺中，文墨书苑最有文化品位，和它老板的名字肖文墨一样有味道。

回顾 2007 年，肖文墨的回答是“凑合”。回顾十年，他说“没有什么进步”。他说，1998 年，自己只是想把小店经营好，现在越来越不满足。

十年里，最困惑的是，经济发展那么快，自己的日子总还无法过得随心所欲。最后悔的是，自己缺乏长远眼光，连锁店没早开，房子没早买，2007 年才“入市”，亏了。

这几天，肖文墨格外忙碌，他在寻找新的店铺，2008 年的计划是在附近的东石镇开一家分店，这比在晋江开店务实了许多。他仍然朝着开至少 10 家连锁店的梦想奔跑。

35 岁的肖文墨认为自己“比下有余，比上不足”。朋友中有成了大富翁的，这多少给了肖文墨压力。他每天仍驾着那辆“长安之星”，揣着一部手机、一部小灵通来回奔跑。

他还在想着做别的投资，每个星期买彩票，还是揣着一夜发财的梦想。

15岁时，对读书没有兴趣的肖文墨初中没毕业就辍学回家了。回想起毕业后，骑着单车背着比自己身体还重的海蛎，肖文墨一脸感慨。之后，他在伞厂打过工，做过几年的木匠。1992年，他有了第一份稳定的工作——投递员。

1997年底，在朋友的建议下，他在成功中路166–168号开起了书店(2006年初搬到安海公园对面)。当时，他还是石狮市邮政局的一名邮递员，每个月一千多元的工资并不算少。很快,邮局邮政和电信业务正式分家,他分到了邮政，不久他就正式辞职，专门干起了书店。

这个偶然的决定，一干就是十年。他现在最喜欢看商业类杂志，知道什么书好卖。

易中天的新书海报挂在墙上，进门最显眼的地方，摆着《哈利波特》和郭敬明的《最小说》。“这样的书，在哪都好卖。”

几年前，肖文墨的压力还仅仅来自于盗版书。如今，网上购书成了文墨书苑新的压力。随着电脑的普及，不少当地人已经开始选择在网上买书，网上购书的价格有极大的诱惑力。

最近，肖文墨经常琢磨，如果2003年不在水头开分店，而将十几万元投资在房地产上，现在应该至少翻番了。当年，肖文墨看中了一套房子，1650元/平方米的房价现在已经超过3000元/平方米了，“当时要买了就赚几十万元了”。

最大的遗憾是，一家四口在安海租房子住，“没有家的感觉”。

2007年最大的喜事，是10月2日妻子蔡燕真又为他添了个儿子。尽管嘴上说“男女都一样”，但心里还是觉得“有个儿子踏实”。

1998年，刚开始在成功路上创业的肖文墨经常去路口一家牛肉沙锅排档吃饭，久而久之，认识了沙锅排档老板娘蔡燕真，肖文墨笑着说：“当时两个创业的年轻人是互相吸引。”

成功路自己的方向

■ 连清川

十年前，我还是个孩子，至少，在心理上。

接了领导的命令去采访成功路。领导说，这是一个即将持续多年的计划，记录的是一个社会的变迁。

我感觉到使命的伟大。可是我只是一个孩子，我不知道，我该看什么，想什么，记录什么。社会这个词，那时，对我来说，还是太大了——尽管那个时候我以为自己已经是一个担负了“人间悲苦”的记者。

那个时候，我还住在报社分配给我的7平方米的房间里。但里面有地毯、有音响、有不符合房间尺寸的大电视机。还有许多我根本后来没怎么用的电器。我有女朋友，可我仍然是一个一人吃饱全家不愁的单身汉。我那时候很快乐，还理解不了社会。

成功路离我的生活太远，所以，我不知道，应该看什么，记录什么。

我在成功路上只有两天的时间。这只是我当时众多的采访任务中的一个，尽管使命伟大，但那只是我许多伟大使命中的一个——并且，并没有许多其他采访使命中的戏剧性、对抗性、“社会性”。这注定了，在我的生命里，成功路并没有留下太多的痕迹：在我后来的学习、思考、写作中，没有留下成功路。

当然，我依然依稀地记得成功路上的一些碎片。我记得成功路上有许多破碎的水泥路，刚刚下雨之后，污水滞留在裂缝中。街上还没有太多鲜艳的颜色，但是女孩子们身上的服饰花样已经很多了。在一个空气污浊的大市场门口，拥挤着一堆卖食品的摊贩，以“猪下水”为主。

当时的成功路上已经有了电器专卖店，老板好像是姓林，他并不太满意自己的生意，一边有一搭没一搭地听着电视里的台湾频道(那个时候的台湾，也没有那么多事)女主持人用闽南话聒噪着，一边抱怨生意难做。电信局里的人说得虽然很高调，但是显然对普及网络用户并没有太大的信心；第一家网吧的生意刚刚开张，还说不上什么客流。

原始的所谓“杂技”表演在成功路的公园上演着，图片上尽是耸人听闻的“人头蛇身”之类的广告；盗版甚至发达过广州，许多当时我在广州没有淘到的诸如费里尼和黑泽明，那里已经成套成套地卖了。安海镇最大的企业恒安纸业那个时候应该还没有上市，当地人虽然很崇拜地看着它，但它的门面在我看来，也就是一个落后的乡镇企业的规模。

我和成功路中段的一位姓颜的修车老伯聊了很久。其实，他对我的问题，比我对他的问题还多。当我问他的时候，他的回答总是很简短；而他的提问总是很长。而我，却一直记着他那沧桑岁月都改变不了的恬淡笑容。

那天，有一户人家出殡。寻找不到出色的镜头的我像得了宝似的跟着他们拍了一路，动作奇特，甚至躺在了地上。许多人看着我掩嘴笑，包括出殡队伍里的人。

在他们看来，真的，我就是一个路过的小孩。

两年之后，我在一场痛哭之后，离开了南方周末，又似乎有风有雨地在新闻界里做了两年；之后，又似乎有风有雨地在纽约过了几年。

今天，我已经不能再是小孩了：因为我自己都已经有了孩子。

现在，我是那种典型的，被人叫做中产阶级的那种人。妻子孩子房子车子，房奴车奴。父母已经老了，孩子还小。

我不曾想起成功路，它从来没有成为过我的路标。可是我想，在这十年的时间里，我慢慢地懂得了一点儿那个我曾经想去记录的“社会”。也慢慢地，或深或浅地懂得去看转型中的中国。

我不知道成功路现在是什么样子，我只能想象。我想象成功路上的水泥缝隙已经不存在了，因为一定已经铺上了新路；路上的颜色一定很丰富，女孩子身上的衣服已经能和广州甚至纽约媲美；或许，林老板的电器铺已经不存在了，而是由一个或者国美或者苏宁替代了它；网吧的门面应该已经很时髦了，小孩子们在里面和可能来自上海的时髦青年打对仗游戏；大约一半以上的家庭已经拉上了宽带吧；公园里面，圣诞夜里一定有许多彩灯，HIP-POP或者周杰伦的声音震耳欲聋。他们一定还在收看海峡对岸的电视，痛骂陈水扁，害怕一旦开战他们好不容易积攒起来的家当就要化为灰烬。恒安集团的楼里尽管出过一起谋杀案（一位副总裁被谋杀），但是现在他们的门面，应该是非常“上市公司”模样的吧。

可是，我想，那个市场门口的“猪下水”摊档一定还存在着，居民对此的热衷依旧不减；盗版生意一定还好，只是花样恐怕已经换了一些，估计像《越狱》之类的美剧正在热卖；颜老伯如果还健在的话，修车铺的生意应该还能维持，虽然汽车多了，但是安海人应该没那么快能够摆脱自行车。

这十年，我和成功路，我们应该都已经变了很多，我们也都有很多没有变。

可是对我来说，如果今天我去成功路，我知道了我要看什么，记录什么。十年之前，我们还有些糊涂，我们都只知道要去赚点钱，把自己的屋子填满，让电视机更大一些，吃得好一点。

但我有了那么多“子”，成了那么多“奴”之后，我想要弄明白很多事。我不想让我的孩子在一个人们谈论官就骂、谈论环境就脏、谈论文化就洋、谈论生活就是物质的时代和地方长大。我们需要弄明白很多事情，和事情背后的逻辑，以及改变它的方式。生活，或者说我们的社会，不应该只是水泥、电器、门面、上网人数这些东西。

人的成长，有它的逻辑，就像我今天，因为知道了为人子为人夫为人父的责任之后，被迫必须知道，如何去提升自己的市场价值，以谋求自己和家庭更多的幸福；而成功路，我想，在脱离了它最初的积累之后，也应该明白了作为一个社会，必须拥有更加丰富合理的政治制度，规划自己的经济城建计划，安排自己的文化发展。或者说，它应该已经明白了自己的社会发展逻辑。如果它没有像我一样去发展的话，那些在水泥、电器、门面和上网人数背后的逻辑，会逼着它去发展。

成功路没有成为我的人生坐标。但是我们都已经不是小孩。经过这十年，我和这个社会，都已经懂得了自己的去向。

成功路十年志

■ 徐 楠

1998 年

分管成功路的片警黄呈块对自己辖区内的治安情况算是比较满意。除了 100 多名打工仔外，成功路上基本都是本地人，案件很少。

成功路上的互联网用户今年有了 20 多户，镇政府边上还开了第一家网吧。

1999 年

今年成功路上出了两件大事之后，对于治安大家真的是很不放心，夜里不出门为妙。

电信局局长林生才显得有一些无奈，因为移动通信分了出去，职工的福利肯定比去年差了。

2000 年

盗版书在安海的繁荣一定程度上影响了文墨书苑的发展，但肖文墨坚持不让盗版图书进店。

公安分局陈局长说恶性案件没去年多，但案件点数却呈上升趋势。镇 110 今年平均每天出警 13 次，最多一天达到 28 次。

2001 年

肖文墨笑不起来，书苑的店租比去年涨了 8000 元，更要命的是，他的另一项产业——“老牌牛肉火锅店”今年亏了 5 万元。

最大的变化是多了一二十家彩票点和茶叶店。一个用于博彩，一个用于送礼。

2002年

文墨书苑斜对面新开了一家瀚文书店，肖文墨感受到某种潜在的压力。高档百货商店现在都要开到半夜12点，这种景象在去年是没有的。

2003年

肖文墨在离安海10分钟车程的水头镇开了一家分店，面积比总店还大十多平方米。

安海与外界对接得很快，名校养正中学刚刚请来“神舟五号”航天系统总设计师之一魏金河院士过来讲学。

2004年

文墨书苑今年的经营情况并不好。肖文墨一直在琢磨原因：“现在上网的人越来越多，是不是年轻人的读书方式改变了？”

说到安海的治安，老板娘抱怨“仍然不是很好”。不过，成功路上今年开始出现了巡警的身影。

2005年

“除了房租和年龄增加了，别的真是一无所获。”在牛肉汤升腾的雾气中，肖文墨喃喃自语。

事实上，房地产开发在安海镇根本还没有启动。目前安海镇只有一个开发商开发的楼盘，它的价格还不能代表安海镇的房地产价格。

2006年

“文墨”等三家书店联合《晋江经济报》打造了一个图书排行榜，以扩大品牌影响。

安海镇第四轮总体规划修编出炉并向社会各界征求意见，并将安海规划确定为晋江中西部发展中心、现代化工贸城镇、历史文化名镇。

2007年：小常庄的冷与暖

1998年，人们开始议论即将到来的宁西铁路。三年后，200名村民在铁路工地上或是做小工，或是拉沙子石头。又过了三年，火车隆隆而来，当年却轧死了一个跨越铁路的孩子。现在，铁路就像每一个人的普通邻居。十年时间，原本的新鲜，变得不足为奇。当人们被问及十年来的变化时，他们常常一愣，然后用手指向国道边的新房——“看，起了那么多新房子。”

的确，这是最明显、最可感的。

静下来，向十年的记忆深处挖掘，人们发现：波澜不惊之间的变化之深，一时竟难以描摹。

深 陷

对免税和直补的议论早已平息。尽管吴晓亭和利新华在记者面前怯怯地发问：“这涨价咋这么凶呢？”可当他们谈及免税、谈及直补，眼里还是闪动着感激的光芒：“好哩，过去种粮要自己贴钱呢。”

十年前，这个村庄每年需要完成农业税23万元；十年后，在免征农业税之外，每亩地还享受近30元的粮食直补、种子补贴。这还没有包括“两免一补”的教育投入。

但价格的上涨，成为吸走农民收入的另一只手。

以“角”为单位的农产品价格上涨，已经让他们满意：“今年玉米8毛多哩……”然而以“十元”为单位的生产资料价格的上涨，让他们同时叹息：“柴油可真贵，吓死人……”

十年前，小常庄人均年收入大约在四五百元，现在，这个数字是3800多元。然而支出的增长，总是同样迅猛。

如今结婚，都得从县城里租车子，夏利一天几十元百把元，桑塔纳一天要几百元。

刚刚办了喜事的老杨一家，收拾出了一大盆吃剩的鱼头鱼脑。老两口说：“你看看，放到十年前，这咋敢想？”如今，办酒席待客都“一条龙”了，连碗筷都是厨师随身带来的，当然，人家会“打包论价”。

李冬祥不由回忆起十几年前与妻子盖起他们第一座房子时的场景：“俺和泥，俺老婆往里灌，两人忙完地里的活就去脱砖坯，干到天黑黑的。苦归苦，活可以自己干，盖座房不要那么多钱。”

而今天，砖要用钱买，水泥要用钱买，盖房子的施工队拒绝只出工不包料。

一切，都要用钱来买了。全面的市场化和商品化，让人们身不由己地深陷其中。

一座小楼的价码，十年前是两三万元，五年前到了六七万，如今，已经超过10万。

惠建民说："要说富，现在比十年前富多了。但俺怎么总是觉着钱越来越不够用呢？"

神　灵

一户人家的门上贴着这样的对联："依靠上帝有保障，相信耶稣得平安。"

十年前，正是基督教在小常庄萌芽的开始。

400人口的常庄，是小常庄15个自然村中最穷的一个，全村9个特困户，这里占了4户。教徒数量却是全村最多的——有十几个，常文付的老伴就是其中一员。从1997年开始，他家的墙上开始贴起"基督教年历表"，1998年的压着1997年的，1999年的又压上1998年的，从1999年开始，一张挨着一张横着贴成一排，每张上面都印着基督的一条训喻和不同的圣经故事画面。

老两口从家门口进进出出，就能看见显眼的大字——"作光作盐，服务社会。"

每个星期中的一个上午，这个自然村的十几名教徒会集中起来。做他们自称为"传教"的活动，说的主要是："不叫骂人，不叫偷，光叫人善哩。"

在傅庄，教徒们已经拥有了一间砖房，人们管它叫"教堂"，里面打扫得干干净净，大红的布幔挂在正首，上面四个大字——"以马内利"。每周来到这里的，基本上都是上年纪的妇女。桌上放着竹板，墙上挂着摇铃，还有一架几百元买的电子琴，小心地用布盖着。每次聚会，人们在这些乐器的伴奏下，齐声唱着《主是人间福音》。

十年来，村里有了67个基督教徒，占全村人口总数的3%。

2007年，荒废多年的三官小庙也被村里人自发重修了。杨文胜出面牵头修庙，呼啦啦一下子就来了大几十人。这说怪也不怪，近两年，很多村民开始烧香。

十块八块，五十二百，两个做生意的人每人捐了1000多元，帮人盖房子的傅中彦，还专门捐了3000块砖——所有布施者的功德都写在鲜亮的黄布上，挂在庙门口。

一个敬佛得福的故事，在当地广为流传——说是哪里的一户人家，孩子外出打工没有音讯，每月花300元都找不到，拜了菩萨，第二个月就找到了；没给菩萨还愿，孩子的娘当年就病死了。

几十个老者在修庙时义务出工。一位八十多岁的老汉，搬砖时不慎摔倒，就此去世。人们说：他走在修庙的事上，会有福报。

刚刚落成的三官小庙，坐落在村道边，是一间不到20平方米的小屋，里面供着天官、地官和文官，杨文胜说：他们是三兄弟。因为牵头化缘修庙，杨文胜自然成了庙祝。每天，他在工业区的厂子里打工，一听说有人要进庙，他的妻子就拎着钥匙循声而来："是谁要烧香？"

人　情

1995年，小常庄第一次有人离婚。今天，离婚的消息不会再激起任何波澜。"商务部万村千乡连锁店"新挂了鲜红的大牌子，以前，村里从来没有过这么大的杂货店，卖吃的，卖牙膏牙刷，还卖衣服，有足足四排货架。收款台的旁边，还摆着新鲜的香蕉。

四岁的小佳佳，烫着卷发去县城里上双语幼儿园。

小店里传出的歌声，前年是《2002年的第一场雪》，去年是《老鼠爱大米》，今年是《死了都要爱》。

十年，小常庄从一个穷困但"不拉饥荒"的村，变成了负债30万。

十年前，和全国很多村庄一样，它当仁不让地从信用社贷款，修学校、盖村部、搞加工厂，"那时候这是大气候"——付军杰那时还不是村干部，依然记忆犹新。很快，加工厂办不下去了，同样和全国很多村庄一样，无法偿还贷款，30万的债务一拖十年，"虱子多了不痒"。

2006年，副乡长柴文峰曾高兴地说："(农业新政之后)乡镇干部与农民之间不再是'水火不容'了，现在是'鱼水相容'。"

"啥钱也不收了。"然而鱼还是鱼，水还是水。

十年，老林现在看见干部进门时，没有以前那么"心惊"了，除了交合作医疗款，他和干部没有任何走动。

十年，利新华的丈夫和他一墙之隔的亲兄弟彻底闹翻了，此前他们花 1500 元买下了兄弟家住的老房子。“要说这房子，俺们以前也出过力的，可要把价还到 750 元就是不行。”

十年，林春华一次次凑到苗木销得好的乡亲家，想打听市场信息，得到的回答总是：“各走各的路嘛。”

“不承认不行：生活是比过去好了，打上电话了，一盖房就是小楼，过去说‘楼上楼下，电灯电话’，现在想想，真是都实现了！可这人心，咋没以前痛快了呢？丢了东西抓到不贼，只能住到牲口圈里看着，就连亲兄弟干个啥也都论钱，这人情咋这么淡了呢？”

去年，惠洼一座草垛起火，竟没有一个人来救——人们甚至没有多问一句：“这是谁家的垛子？”

老队长

在小常庄，丈量时间的尺子，是田里的农活。

打麦前，老队长被送进了敬老院。他几乎已经不能动了，佝偻在空荡荡的老屋里。送他的，是小组会计常孝峰。

除了一床破被，没有别的家什。

打麦后，他被拉回来了。一茬麦子之间，人生画上句号，享年 89 岁。

和去时一样，拉他回来的也是拖拉机，一路突突地颠簸、轰响。

村委会出了 500 元，他将在一处坟岗的一角落葬。

生前唯一共同生活过的亲人——侄子常文计，没等麦收就远走黑龙江，跟人做生意去了。

老队长的最后时刻，只有敬老院的护士在身旁，所以人们说：他没留下任何话。

事实上，他早已是一个沉默的存在。

关于他的青年时代，村里有这样一句评价：“个性硬，脾气倔，力气大。”记者第一次见到他时，87 岁的佝偻身姿，依然掩饰不住原本的魁梧。

人们说他："能干活着哩，就是真穷！"

早年父母双亡，兄弟二人，他是老大，弟弟体弱多病。他事事争先，当上了生产队长，从早到晚不停地干活，为弟弟盖房娶了媳妇。

弟媳在1962年拉草料时，被车撞死。

大集体时代结束的时候，他是饲养员。他在20世纪70年代盖起的土坯房，是当时"上好的房子"。从头到尾，几万块土坯全是他自己起早摸黑脱出来的。

分田到户了。而他的家，只有病弱的弟弟和年幼的侄子。那时他年届50，他说："还娶个啥？"于是一辈子没有亲近过女人。

一生的拐点就此来到。人老，田少，再辛苦地卖力气也挣不到钱。往后的日子，就是一天天的凋零。

2003年，弟弟病故。

村支书说："别的困难户给一袋子面，他家要给两袋子——他侄子能吃啊！"事实上，这侄子不干活，还抽烟、喝酒，曾经将老队长辛苦种下的两三百斤麦子也偷拿出去卖了。

老人的一日三餐，是"拿馍就点凉水，呼哧吧嗬就那么吃了"。

今天，人去房空。

他的小厨房已经坍塌了，碎成一地土坷垃。他那曾经"上好"的房子里，一张歪歪扭扭的木床，两把看不出本色的竹椅，构成财产的全部。屋顶上挂着灯泡，但早已不可能亮起——门口垂着被拉断的电线——记不得拉掉它多少年了，"反正也用不起电"。

2005年冬，《南方周末》记者从这里告别出来，将100元钱递到他的手中，他颤抖着推让，喃喃念叨："不要，不要，要是国家给咱就拿，国家才有钱，你个人哪有钱呀。"

一旁的村人马上说："快拿好了，别让你侄子看见！"

越来越多的人们将新房建到公路边上，老村日渐"空心"，废弃的房子一座座倒塌。老队长永远一身黑色，从里面穿行而过。每天下午，他得去耙柴禾。他几乎不说话，脊背深深弓着，头几乎垂到了胸前。经过别人身边的时候，眼神没有一丝一毫的漂移。

孩子们都躲着他。在生命最后的时光里，他近乎成为一个黑色的幽灵。

2007年3月，乍暖还寒，老队长拄着树棍走向他的几分田地。像每天一样，常人只走15分钟，他走了1个小时。

经过李冬祥的家，他被招呼着喝口水，坐下来聊了会儿天，这几乎是老队长留在人世间最后的言语。往事重提，他说“弟弟那时候可怜哩”。李冬祥感慨说：“对他弟弟可真好。”

在关于他的稀疏记忆里，直到动弹不得，他没有一天停止过体力劳动。最后进了敬老院，他感慨过敬老院“暖和”。

很少有人知道他的名字。李冬祥眯着眼睛想了一会儿：“叫常凤发。”

杨炳新

8年前，杨炳新是杨户自然村最穷的一个。

三个儿子，一家五口。他和乡邻们一样，把所有的力气用在田地上。

从1986年到1996年，杨炳新年年通过远房兄弟、村里的信贷员杨炳德办理贷款，买拖拉机、买耕牛、买种子……一次200元，过几个月还了；再一次300元，过几个月再想办法还上。借来还去的日子，一过就是十年。

如果不是他在县教委分管园林基建的叔叔杨国奇，一切还会照旧下去。家徒四壁，人民币只能在手里转一下，从来不会停留。

1998年，杨国奇在江苏出差时，看到了华东城市的快速扩张，听说政府需要采购大量苗木。心思一转，他开始从乡下亲戚手中寻觅土地。

杨炳德决定豁出去，跟杨国奇合伙干。

叔侄俩签了一纸合同，完成了资本和土地的结合。杨国奇出了2万元，杨炳德从农信社贷了200元。

一片雪松，栽了下去。

四年后，小树成材，杨炳德悬着的心终于放下，在这之前，他把家里重要的财产——拖拉机也给卖了。那时候，一棵树卖到三四百元。他吃惊地点着钱，而几千棵树木，被拉进城市，成为街道两旁、宾馆会堂、公园绿地的装点。

退了休的杨国奇，专门关切周边各地的“花博会”、“园博会”。会场不让乱递名片，他四下打量，看看没什么人注意，就赶快塞一张上去。

合作5年后，叔侄俩闹掰了。今天，杨炳新说什么也不愿回忆这层过节。可以知道的是：他自己有钱了。10亩经济苗木，5年下来，他赚到了15万元，钞票迅速变成给两个儿子娶亲用的小楼房。

单打独斗的杨炳新，似乎怎么也难以具备杨国奇见缝插针递名片那样的“灵光劲头”，每年春天，他按照合作时的惯例，到南京去采购种苗。一下车，就会有人迎上来，把他引到代销商那里。苗木成材了，打个熟悉的电话，就会有人来拉。不曾比价，也没有尝试过更多的客户。每到外地，他住在十几元的小旅店里，归心似箭。

卖价最好的那几年，大半的时间都扔在外面；行情低落了，就在家里喝喝闷酒。

2000年以后，苗木市场惹得所有人眼亮。几年间，苗木价格也已经完成了市场回归——降至每棵四五十元。收入越来越趋于平稳，杨炳新的大喜大悲成为过去。

对他来说，此生最大的任务已经借助这一棵棵雪松、樱花基本完成了——十年间，他盖了两座小楼，给两个儿子娶了媳妇，把一个儿子供上了大学，又添了两个孙子。

今天，他依然没有积蓄，甚至还有外债。

他和老伴，依然分别住在大儿子和二儿子的家里，给他们看着房子、带着孩子。他们依然以清汤白面条为食。几片菜叶和一丝蛋花，便是好生活的标志。

他不刮胡子，依然穿着有破洞的旧衣服。

他脾气好，好说话，一心念叨着刚刚大学毕业的三儿子，尽管人家已经在郑州市里与人合伙“做网站”了，杨炳新还是觉得自己有义务把他娶媳妇的房子给盖了。

十年，一个农民机缘巧合地赶上了一个市场领域的兴起和回归，也完成了他大半生中最为华彩的部分。

常文付

常文付老得太明显了。

去年，他比老伴明显高出一截，今年脊背佝偻了起来，和老伴一般高了。

一头黄牛是老两口的宝贝，一年为他们挣来“千把两千块”，维持着全部的生活开支。现在，他缩得跟黄牛差不多高了，几乎拉不动这老牛了。

十年前，就在《南方周末》开始这次观察的时候，常文付开始觉得：“看病要钱了。”现在，“吃药是大头，吃饭是小头”。老伴每天要吃掉六七元的药，这几乎是他们收入的全部，也是那头老牛每年能给他们的全部。

2005年,我在这个村里做了小型问卷调查,60%的人表达了这样的意思:“想喂牛光怕偷。”

所以，看牛是一件重大的事情。为此他每晚睡在牛圈里，已经十几年。他栖身的木板床架看上去就像垃圾，牛圈里腥臊的气味扑面而来，几乎令人窒息。如果不睡在这里，偷牛贼就可能在牛圈墙上掏个大洞，把牛牵走。

我给他买了一个电热毯，然后才想到：牛圈距离房屋之远，电线根本就拉不过去。

我见过很多农民，大部分可归为三类——战战兢兢，听天由命，或者满怀怨气。第一种尝尽了人间的不安全感，任何变化都足以让他防范、惧怕；第二种在常年被剥夺希望的岁月中破罐破摔；第三种明白现世的一切光鲜，都不是为他而准备的。

但这个常文付，属于数量最少的第四类人。

他定期到县城去给老伴买药。这个女人从18岁过门的那一天,就犯了肺病，这里的习俗是七天回门，她的第七天却是被婆婆领着去找郎中。60年了，常文付守着她，看遍了四里八乡的大夫。他自己睡在牛圈里摇摇晃晃的木床上，女人身下的被褥，却亮出这破败农舍里少见的白净。

大集体时代，女人连推磨都喘得厉害，几乎挣不上什么工分。常文付里里外外地打理，拉大了五个孩子，总是那么一个劲地笑。

因为女人的病弱，三个儿子、两个女儿跟他们分了家。“咸了淡了的，咱跟娃儿们也吃不到一起。”还是笑着。

问他儿女们给不给钱，他压低声音笑着说："没要过。咱农村，过个光景都不容易，他们顾得多，娃儿花钱大。"

背地里，村里人用一句当地俗话来形容常文付老两口："熊麻绳熬着铁棒槌。"就是说无论多强壮能干的人，摊上一个病怏怏的，也够他受。

他的身体一向还算好，可是去年冬天在县城路口被一个骑自行车的女人撞倒在地，他听到身体里面"咔"的一声，心想：这下可坏了，许是伤到骨头了。爬起来，女人在冲他凶："会不会看路？！"旁人要他抓住女人赔钱，他说："赔啥哩，也没觉得疼，咱又不讹人家。"一年了，他没有钱去看病，拍片子。

我硬是带他去县医院拍了片子，在县医院的X光室里，医生让他平躺下来。脊背刚一挨到诊断床，疼痛就让他打了一个激灵。我这才知道：他所说的"有时候腰疼"，是怎样的疼法。医生说有三处收缩性骨折，只能卧床休息，肩不能挑手不能提，他还是笑："噫！天天要伺候那牛哩！天天早上提它屙的粪。"

如果不是那样清澈的笑，我怀疑所有那些豁达的话只是说给人听，蓄意掩饰而已。但他的笑容太过强大，一笑起来，雪白的胡子茬跟着下巴微微地抖，眼睛清亮。

中午带他在小饭店里吃饭，吃完出门，一遍遍地回头看，我知道他几乎从没吃过这样美味的东西，想努力地记住这家饭馆，尽管几乎再也不可能来此吃饭。

我只是带他去县医院拍了片子、买了药和一些其他东西，区区这么一点儿事情，就让他一直攥着我的手，不肯松开。我坐在县医院的走廊里，一个老太太看着我问他："这是媳妇儿还是闺女啊？"我们俩异口同声地说："闺女！"

每次告别，我都走出几百米了，他还站在那儿看着，弓着身子。

在村里，常文付是"有文化的人"。县城解放那年，他上到初中第一年。这让他达到了一生的顶点——生产队会计。

转过年，他就80岁了。80年来他没有跨出过唐河县一步。我一再想像着：当他一次次从日渐光鲜的县城迈进家徒四壁的小院时，他心里真的平和坦然吗？

我见过很多农民，长年的无奈、贫弱，让他们的眼睛里流淌着怨恨，他们把目光射成一把剑，斜刺里扎着你。他们抓住一切机会，控诉这个世界对他们的亏欠和剥夺。

然而这个常文付，知足、善意、宽和、感恩，从他瘦小的身体里难以抑制地喷发出来。他让我惭愧，让我感到空前的安全，也让我害怕——怕他受到更深的伤害。

他只是这皇天后土上生息着的无数蚁民之一。他这一生，要钱就给钱，要力就出力。如今风烛残年，与黄牛住在一起，只是能吃口饱饭。即使全世界过得都比他好，他还是笑着，守着他病了60年的老伴，在严寒中的破屋里笼着手跟邻居聊天："你说那'神舟六号'得有多快？那可比火车快多了！"眼睛里是孩童般的好奇。

记忆中的那个村庄

■ 迟宇宙

小常庄是一个未曾逝去的梦。花了10年时间做的梦。对于我来说，它意味着往日，也意味着未来。它的意义不止是代表了一种改变，更代表一种凝结

我有一个写了7年还没有写完的长篇小说，它如今还静静地躺在那里，等待自己未知的去向。小说的主人公有一个故乡，我告诉他，那里是河南省唐河县小常庄。

我努力把我对小常庄的印象注射到小说当中，就像小常庄当初努力把中国农村变革的印象映射到我的思想中。这一切看起来过于平淡，既不缠绵纠结，也不洋溢着戏剧感。但是它真实地存在于我的记忆中。

小常庄对于我来说是一种偶然。生命中充满了太多的偶然，小常庄只是其中的一个。我记得那一年冬天，有些人突发奇想，说要花10年的时间记录一下微观的中国，还说要在东部、西部和中原各选一个地方。有个人在地图上插满了小红旗，他随便地点了过去——小常庄了。它本来可以跟我没有任何关联，但是我正好要去河南采访，便是我了。

我去那里转悠了两年，记录下每一年发生的改变，老者的逝去，婴孩的新生，耕种、饮食、男女，还有夕阳和标语，还有看夕阳的人，还有那里的地方志、米酒和传奇般的往事。有些故事我没有写成文字，我把它们刻在心里，作为我的私有物。我曾谋划着把它们暴露在小说中，可是小说至今还没有写完。

我喜欢唐河那地方，甚至迷恋那种悱恻的感觉。那里有各种各样的往事，

历史上有过灾荒和土匪。那里的土匪不叫匪，而叫竿，是揭竿的竿；那里的土匪头子也不叫匪首，而叫竿首。

我在那里还听说了一个故事，说是有一个小家碧玉被一个竿首绑上了山，做了压寨夫人，她学会了骑马打枪，一跃也变成了一个竿首。她的土匪老公后来被国民军招安，死在了抗战战场上。她无依无靠，就嫁给了一个教书先生。解放后她才发现，她的教书先生，竟然是共产党的地下党员。后来又发生了很多事情，她的教书先生也死了。她一个人孤零零地生活，一直活了很久很久。这是一个真实的故事，但听起来却像是一个让人流泪不止的小说。

还记得什么呢？关于唐河，关于小常庄。似乎还有一条国道要经过村边，可是我不知道它到底通车了没有。还有那个在夕阳下看标语的老人，我已经记不清他的名字了，但是我记得他的形象，在夕阳的晖光中，神秘，动人。

还记得什么呢？

小常庄就像是一个传说，尽管它曾确凿地经过了我的生活、生命，并且沉淀进了我的记忆当中。可是当我不再是一个记录者的时候，它就变成了一个神话。我越是想念它，它就越神秘。

对于生活在那片土地上的人来说，我只是个过客；对于记录那片土地的人来说，我是个散兵游勇。我那么匆匆地经过了，在偶然的时间；我又那么匆匆地错过了，因为生命的偶然。

小常庄是一个未曾逝去的梦。花了10年时间做的梦。对于我来说，它意味着往日，也意味着未来。它的意义不止是代表了一种改变，更代表了一种凝结。

各种阴错阳差的过往、各种叮当作响的碎片终于变成宁静。在我的记忆当中，我并不在意小常庄的象征意义。我介意的是，如果有一天，我重新回到那里，它到底是用一种剧烈的震撼还是用静谧的炊烟迎接我。

至于它的意义，那是社会学家和南方周末的事情。

小常庄十年志

1998年

村民说，如果我能在这儿住到元旦，就能看到要从这儿经过的宁(南京)西(西安)铁路破土动工的场面。

村中有人从事唐酥梨种植，由于时间很短，几乎没有什么收益，只有常金生与翁保林家的梨树挂了果。

1999年

宁西铁路现在依然没有动工的迹象。

小常庄今年夏天遭受了严重旱灾，乡里的“三提五统”却仍然按照往年的标准征收。

2000年

两年前让村民们兴奋的铁路据说现在只修到县里，村里还没什么动静。

村民说，每年都要调整什么农村产业结构，前两年是梨树，去年是黄牛和双孢菇，今年又改辣椒了。

2001年

盼了几年的铁路经过他们村子旁的一段终于在6月开工。有200多名村民在工地上拉沙和石头，做些小工。

去年上面让种的辣椒，到现在也卖不出去。原来说的价钱根本没人要。据说明年又要改种烟叶了。

2002 年

宁西铁路唐河段 10 月已经完成铺轨，但要明年“六一”才能正式通车。

县里今年的口号变了，是要各地根据自然条件，适合种啥就种啥。

2003 年

宁西铁路已经竣工，正式通车还要等到 2004 年 1 月 7 日。

小常庄最明显的变化就是乡亲们都觉得钱越来越重要，体现在种庄稼的越来越少，种经济作物的越来越多。

2004 年

村里已有数十家农户与开发区签订了租赁合同，每年每亩租金 360 元，还有超过 200 人在开发区找到了事做。这一年里，农业税下调了 3 个百分点。小常庄去年的农税任务是 23 万多元，今年则不到 1.4 万元。

2005 年

村里的小江媳妇说：“轰轰过火车，一开始老睡不着觉哩，现在习惯了。”

村民们曾怀着财富梦想种下雪松和塔柏，也曾经希望“开发区”能让他们成为“工人”，但不久后，这些都像树木的成长一样归于平静。

2006 年

乡里的农业税征收大厅，卷闸门一拉到底，彻底挂上了大铁锁。

种粮亏损的局面得到了扭转，这是变化；但农业种植的普遍低效益、农民在价格体系中的绝对被动，依然故我。

这儿与那儿

「有可以不说的真话，决不说假话。」岭南老报人的一句话，被一张报纸拿来实践了25年。话没有什么稀奇，类似的话，康德早说过；意思没有什么稀奇，儒学阶段就在讲；修辞没有什么稀奇，比起「知其不可而为之」「先天下之忧而忧，后天下之乐而乐」显得朴素。然而，以之为圭臬，却成就了一张报纸的气象。有人说，是特殊的时代成就了说真话的《南方周末》，此话可能只说对了一半。《南方周末》确要感谢这个奇迹般的时代提供的丰富机会，从民国时期的「厚黑学」到当代的「潜规则」，学者都在阐述对历史的理解，说真话需要足够的勇气。今天，更显真话的珍贵。真正成就《南方周末》的是一份朴素的信念：相信未来，并着手创造未来；珍视真善美，并着手护持真善美。真正成就《南方周末》的是一种执拗的坚持：扎根中国，深入人民；放眼世界，纯粹新闻。这是理想主义者的执着。其中并没有多少创造，这样的理想主义，不过是中国千年不易的知识分子情怀与操守；这样的理想主义，不过是启蒙时代以来，人类的优秀分子共同的价值与行为取向。但就是秉承这样的理想，使《南方周末》从「服务改革，激浊扬清」到「让无力者有力，让悲观者前行」，从「深入成就深度」「记录时代进程」到「在这里，读懂中国」，25年一路走来，几代报人，薪火相传。成功时有泪水，风雨中常微笑。由此，在《南方周末》创刊25周年时，我们出版这套丛书，并不是觉得《南方周末》做了什么惊天动地的事，并不是《南方周末》有树碑立传的需要。我们只是想通过结集的形式，持续地告诉爱她或恨她的人们，如她那样坚持，在任何时代，都能有这样的成绩；持续地告诉爱她或恨她的人们，不要怀疑历史终将进步，赤诚的新闻人只需着力于本分。

总结篇

倾听中国前进的脚步声

——从三个点的十年变迁看转型中的中国

■ 杨继绳

经济发展

近10年是中国经济快速发展的年代，国内生产总值由1998年的84402.3亿元增长到2006年的183867亿元，后者相当于前者的2.18倍。对这三个点的报道对这个枯燥的数字有着生动而具体的诠释。

川西彭州白鹿小镇1998年只有一条200米长的街道。到了2002年，“一进小镇，河边一排崭新的小洋楼映入眼底。从此，白鹿镇有了第二条街”。到2003年，“新街上又矗立起一座座崭新漂亮的住宅楼”。2005年，龙门山国家地质公园项目开发正式启动，每天20分钟一班的空调中巴从彭州市发往白鹿镇。2006年，新的一条公路正在规划之中，这将缩短到成都的距离，白鹿镇的经济模式正在从资源型向生态旅游业转变。人们期待着美好的前景，也在经历转型的阵痛与迷惘。

和台湾隔海相望的晋江市安海镇成功西路，原是一条不足4米宽的石板路，1998年是6米宽的水泥路。2004年拓宽改造，成功路面貌一新。2006年，成功路已经发展为一条繁华的商业街。2006年安海镇第四轮总体规划修编出炉并向社会各界征求意见，将安海规划确定为晋江中西部发展中心、现代化工贸城镇、历史文化名镇。成功路所在的安海镇工商税年年大幅度增长，1998年只有1.26亿元，1999年达1.58亿元，2001年为2.3亿元，2006年为6亿元，税收的增长反映了经济的发展。

1998年，河南唐河县小常庄，狗、猪、牛、鸡、鹅满地跑着，街道上满是它们的粪便。2001年小常庄沿312国道一年之间耸立起一片楼房。2001年，村子里已经有200多部电话。前一年全村的电话才100部。2004年，工业区就要成型了，与小常庄相伴多年的312国道如一条重要的血管般活络起来。2005年对小常庄的抽样调查显示：认为自家生活在过去一年中"比前一年稍好"的，占了被调查者中的60%；认为"几乎没有变化"的占20%；"比前一年好很多"和"比前一年稍差"的，各占10%。小常庄的发展与公路密切相关。最近十年，中国公路总长度增长了两倍，跃升为世界第二，不仅贯通全国，也使更多的"小常庄"改变面貌。

经济学家们在分析宏观经济形势时，每每在讲到经济发展成绩之后，还要讲一句"经济发展的不稳定因素还存在"。三个观察点的报道具体解读了经济发展的不稳定性。

白鹿镇原来的经济支柱有两个，一是小煤窑，二是黄连。1998年，全乡共有近20个小煤窑，剩余劳动力基本上都转到了小煤窑上面。1999年开杂货店的朱老板说："经济不景气，生意萧条。"经济不景气的原因是因为倒闭了几个小煤窑。2002年，15个小煤窑要关5个。2004年，一起矿难，给镇上造成了20多人的死伤。

白鹿镇旁边的上环山适宜种黄连。1998年，黄连每斤40元，不少人就赚了钱。1999年，黄连价陡然涨到90-100元，"黄连老板梦里都笑醒了"。2000年，随着每公斤黄连价格飙升至200多元，白鹿镇出现了村村种黄连的局面。2001年黄连价格开始下降。2004年，黄连的价格从上年的七八十元一斤降到了二三十元一斤。在2005年阴冷的寒冬，白鹿镇人感受着黄连跌价和煤矿关闭带来的萧条。60岁的屠夫冯全民说："黄连达到最高价200元一公斤时，我一天就卖完3头猪，连自己都吓了一跳。可现在呢？唉！"

农业一靠老天，二靠市场，三靠政策。这三者都有不稳定因素。1999年夏天河南大旱，小常庄的庄稼收成不到往年的50%，很多农田绝产。70多岁的农民常全国与老伴就只好到附近各村乞讨为生。小常庄是1998年前宣布进入小康的，2000年新任支书常金山说，只是在数字上编成"小康村"而已，实际上并没有达到。2001 年，整整四年来，干旱的土地把小常庄人弄得很糟心，他们花费在土地上的时间越来越少。小常庄人，尤其是年轻人表现出了对土地的厌恶和失望。2005 年，生产资料涨价，农产品降价。2005 年，河南省全面免除农业税，“其政治意义远大于经济意义”。分散的小农经济，在市场面前仍显得步履蹒跚。

生活方式

人们的生活方式是经济、政治、文化、习俗、地理特征等多种因素经过长期冶炼而成的。所以一个地区、一个群体的生活方式有相当强的稳定性。然而，改革大潮的冲击却使人们的生活方式发生了深刻的变化。不过，在社会变迁的过程中，人们既传统又现代，既开放又保守，既追求时髦，又墨守成规。

坐茶馆是四川人特有的生活方式。然而，1998 年，白鹿镇上新开的啤酒乐园把全镇上的五六家茶馆全打败了。当然，茶馆还继续存在，只是年轻人更看重啤酒乐园了。理发店大多变成了美容店。到了赶场的日子，美容店会迎来山上的农妇。她们背着背篓走进美容店，等背着背篓走出去的时候，湿漉漉的头发已经打成了卷。镇上有一个小教堂，每到星期天，用四川话唱赞美诗的人塞满可容纳 300 人的教堂。1998 年 12 月 20 日，天气阴冷，教堂的风琴声与歌声却提醒人们他们正在准备平安夜弥撒。全乡大概有 1000 名天主信徒。

1999 年,记者在调查的三天内,除了自己外,没有看到有人在街上使用手机。2001 年,在山上手机信号不通,聪明的村民用起了子母机,到地里干活带上子机,就相当于带上了全球通。2004 年关沟村的党支部书记袁书学会了通过 QQ 跟外界联系，也有白鹿镇人开始用 QQ 向重庆网友询问黄连在那边的价格。2004 年，白鹿镇上已有两家网吧开业，年轻人通过互联网，发现了另一个奇妙的世界。

2000 年，东部小镇的成功路上有了健身热潮，有强烈节奏感的音乐从健身中心传出。修理自行车的颜呈迎老伯认为有些滑稽，“到街上跑上几公里不就得了，何苦花钱受这个罪。”2002 年，现代豪华的未来世界迪吧吸引了许多成功路上的时尚男女。钢管舞表演的热浪一阵高过一阵，衣着稀少的女郎与钢管的每一次热切接触都引致台下无数观众的疯狂呐喊。

小常庄却没有城镇的繁华，农闲时期，各个村子都变得空荡冷清，青年人都去南方打工了，等到次年5月农忙时再回来。半年多的时间，最少能带两三千元回来。青年人走了，只剩下老人孩子，在小常庄，这种冷清是明显的，正午时分，村里一片寂静。2000年12月，记者在小常庄的两天时间，村子里无非是像老树一样在一个角落一站就是半天的老人，满村乱跑闹得鸡飞狗跳的顽童，以及做好了饭张罗孩子吃饭的妇女。

在美容店、互联网、迪吧风行的时候，婚丧嫁娶的风俗和礼仪几乎没有变化，但花费却是大大提高了。小常庄在几年前就已经提倡火葬，但推进的速度一直很慢。白鹿镇酒厂老板的父亲过世，一支庞大的送殡队伍慢慢穿过小街，一条200米的街道竟然走了1个多小时。在成功路上，葬前葬后，家属们要请来军乐队、道士、和尚、宗祠里的人，一路奏乐在街上游行，包括亲戚朋友，人数可至上千。孝子跪在路口，看着游行队伍直到最后，火葬后将骨灰放在寺庙的“安乐宫”里。

在白鹿镇和成功路，“集市比从前规范和热闹，却少了散漫和悠闲。人们行色匆匆”。市场经济使人们加快了生活节奏。忙碌可以增加财富，但也失去了闲暇这一种重要财富。田园诗般的生活在市场竞争中消失，昔日的散漫和悠闲今后只能在回忆中拥有。

人物命运

经济学家所说的发展是指经济指标的增长，投入与产出比例的变动，而社会学家眼里的发展，是考察人们对自己的生活机遇和生活动机是怎样理解的，从而了解人们对眼前到来的“发展机遇”如何做出反应。由于不同的人阅历不同、眼界不同，所得到的信息量不同，在同样的机遇情况下，各人做出的反应是不一样的，因此每个人的命运也不一样。这三个点的报道写了不少人物，这些人物的命运起伏和社会变迁密切相关。

在白鹿镇十字路口私人杂货店的朱老板的命运是与改革相关的。他原来在一家集体企业上班，1992年这家企业垮了，他自谋出路在白鹿镇的十字路口开了一家杂货铺。在十字路口原来有一家供销社商场，和杂货店对门。1998年，镇上最大的仍是街对面供销社的商店，朱老板的生意显然不如供销社。然而，1999年底记者到白鹿镇时，十字路口上巨大醒目的“供销社商场”几个红色大字都已不见踪影。供销社商场倒闭了。原来的商场被分割成六七个小铺子，租给一些经营者。和这些小的经营者相比，朱老板的社会地位显然是上升了，而他地位上升的主要原因是集体经济无法维持，私有经济的地位上升。

东部小镇成功路上的商人们，也是随着宏观经济形势和市场状况而沉浮。蔡燕真15岁随父母在石狮市做餐饮，1999年24岁的她嫁到成功路开了一家“老牌牛肉火锅店”，由于税费太多，加上生意不景气，2002年终于关门，忙了两年，算下来亏了有3万多元，但蔡燕真不气馁，她说，“人不可能总是失败，下一次我就不会失败了”，她选择做保险为新的职业以后，“她整个人又焕发了活力”。加入这行6个多月，蔡燕真总共做了近30单，寿险和产险都做。但是这行难做，她抱怨说有人给回扣，搞恶性竞争，有好几个单子被人抢了去。做保险只能做熟人，做完自家人做亲戚，做完亲戚再做朋友，等一圈朋友都做完了，也就无人可做了。

3个月没有客户就得走人，她深感保险业竞争“残酷”。2004年年底，蔡燕真在经历了火锅店和保险代理人的失败之后，又在成功路头上开排档，毕竟有了更多的经验，她的牛肉火锅很快引来了不少回头客。生意好的光景，蔡燕真每天要卖掉五六十斤牛肉，有的时候要到凌晨四点才能收摊。除了台风登陆的那几天，蔡燕真风雨无阻地保持着每天出摊的记录。市场经济正是由千百万个蔡燕真这样的人推动的。他们的拼搏，他们的成功与失败，造就了国民经济的繁荣。

中原大地小常庄农民的境遇和东西部的两个点又有不同。报道说：“连续几年来，小常庄的土地翻来覆去地调整着结构。1998年的唐酥梨，现在只有几户人家仍在种着；1999年的双孢菇，失败了；2000年，上面又让种辣椒，尽管遭到了软抵抗，全村种了几十亩地，可是到现在辣椒也卖不出去，原来说的价钱根本没人要，也让农民挺灰心的。”国家一再强调“推进农业结构调整”，这是增加农民收入的重要措施。政府可以提供信息，可以做种种形式的引导，如果靠县乡的行政命令来“推进”产业结构调整，可能给农民带来灾难。

在农村，为数不多的“能人”没有随政府号召的大流，却有着比较好的境遇。早年在深圳打了四年工的常进春，回小常庄后继续做生意，赚了十几万元。2002年，他建了黄牛养殖场，还承包了110亩地种牧草和经济林。2002年，常进春种了10亩2万株塔柏。他和丹江口南水北调工程签了购销合同，三年后提供人工河绿化树。现在每株苗5毛钱，到时每株能卖到20块。在另外的地里，常进春雇人挖了70亩的树坑，准备种速生杨，成材后卖给地方造纸厂。在塔柏和速生杨地里，他还套种了50亩的紫花、苜蓿等牧草。“到时用这些草喂牛，饲料钱又省下来了。”至于剩下的地，常进春暂时还没想好种什么，“反正什么赚钱就种什么”。

人口与环境

人口与环境，是当今人们最为关注的话题，这个话题在三个点的报道中也有触及。

从1999年开始，白鹿镇人口一直保持负增长。在小常庄，虽然没有人口负增长的报道，但有人口老龄化的报道。

人口增长减慢，这是中国近十年的新趋势。据国家统计局公布的数字，1997年及以前各年，中国的人口自然增长率一直在千分之十以上。1998年人口自然增长率降到千分之十以下，为9.53‰，2006年降低到5.28‰。如果城市化进程继续加快，如果未来城市吸纳农民工的数量继续增加，如果中国的现行计划生育政策继续执行，那么，中国每年净增人口还会继续减少。受此影响，中国未来的人口峰值会较早出现，大约会在21世纪20年代中后期达到人口峰值——但这个人口总量的值可能不是媒体平常所说的16亿，而应在14.3亿到14.5亿之间。高盛公司预测，到2050年，中国65岁以上的老龄人口会达到现在的近4倍，那时，中国的青壮年人口将被继续削弱，老年人口明显比例过重。

经济发展使白鹿镇在环境上付出了惨重的代价。白鹿镇产石灰石，有石灰厂、水泥厂。1999年，在街上的每一个角落，都会听到开山的爆破声。一路上，密密麻麻的小石灰窑、小煤窑里飘出刺鼻的废气，几乎令人窒息。因为有太多的洗煤厂，从龙门山里流出的白鹿河水呈污黑色。

2000年，白鹿镇的人知道龙门山是一块巨型冰川漂砾，对身边这座大山才神秘起来。随着龙门山旅游的开发，2001 年，白鹿上空的开山炸石声已听不见了。为保护龙门山的自然风貌，在龙门山采石已被禁止，小石灰窑、小煤窑也逐渐关闭。2004 年，曾经被上游的煤矿污染的白鹿河水，经过整治变得清澈透明，尽管河床上残留的煤灰依然可见。2005 年，小镇环境显然是好转了，白鹿河的水更干净了。

幸亏白鹿镇有特有的旅游资源，它的经济可以从资源型向旅游型转变。而更多的地方经济发展对环境的压力难以解除。环境问题和经济发展难以兼顾，这是未来中国发展的一个难题。

黑格尔说过："密纳发的猫头鹰要到黄昏才能起飞。"意思是说，对于一个重大的社会变革过程，要等到这个过程接近完成的时候，人们才能真正认识这场变革。白鹿镇向何处去？小常庄向何处去？成功路向何处去？中国向何处去？我们还要在继续观察中寻找答案。